JN110955

売らなくても売れるようになる！

中小メーカー企業のための
ストーリーブック営業戦略

H&Cブランディングマネジメント株式会社
代表取締役
吉澤由美子
Yumiko Yoshizawa

エベレスト出版

Sales Strategies with Storybooks

売らなくても売れるようになる！
中小メーカー企業のためのストーリーブック営業戦略

吉澤由美子　著

まえがき

本書は、自社の強みや魅力を活かして売れる仕組みをつくりたい、値引き合戦から抜け出して、自らが顧客を選べるような強い営業体制を構築したいと考える社長に向けて書いた実務書です。

最大の特徴は、一般的な「こうすれば売れる」的な営業トークや営業ツールなど小手先の手法とは全く異なり、ぶれない事業成長を支える根幹となる「営業戦略の柱」をつくる方法と考え方について書いた本であることです。

私が営業の世界に飛び込んだのは今から約20年前。金銭的に厳しい家庭だったため、頑張ったら頑張った分だけお給料がもらえる保険営業の世界に飛び込みました。そこには、私が持っていたイメージ通りの「結果が全て数字に表れる」という厳しい現実と共に、個々の営業マンの売り方・伝え方でお客様の層や単価がまったく違ってくるという興味深い法則が存在しました。

売っている商品は同じ、価格も同じ、本人たちのスキルにも大差がないにも関わらず、契約してくれる顧客の特徴が全く違う、価格に対して感じてくれる価値も違う、結果、その後の付き合い方や関係性が大きく違ってくるということがわかったのです。

その差は時間が経てば経つほど大きくなり、気がつけば、安価で小さな契約に振り回された上にクレーム対応に走り回る営業マンと、高単価で安定的な顧客と良好な関係に恵まれ、更に優良な顧客の紹介につながって本当に幸せな仕事をしている営業マンに分かれるのです。

途中で気がついてもなかなか後戻りができず、軌道修正が難しいため、前者の多くは「商品が悪い」「会社が悪い」「顧客が悪い」と他者のせいにするか、「自分は才能が無い」「この仕事に向いていない」と辞めていくかの二択になってしまうのです。


その後コンサルタントとして独立し、多くの会社を見てみると、この法則は営業マンレベルにとどまらず、会社レベルでも同じことが起きていることに気づきました。同じような商品・サービスでも高単価で販売でき良い顧客に恵まれる会社と、値段を下げたりスピードを競ったりしてひたすら他社との競争に明け暮れる会社がある…と。

特に日本国内においては、品質や早さで差別化をはかることはもはや難しく、価格で勝負となれば大企業に勝てるはずもありません。自社ならではの売り方・伝え方をしっかりと考えて、戦略的に進めていく必要があります。しかも、先ほどの営業マンの事例と同様、軌道修正には少々時間と体力が必要になるため、できるだけ早く手を入れていく必要があります。

しかし、多くの企業が目先の売上を維持することを優先し、「昨対○○％の売上必達！」といった目標を掲げて一年一年を過ごしているため、一向に体質改善ができないまま時間ばかりが過ぎているように感じます。今の顧客に今の商品・サービスを販売し、足らない分はどこからか新規の契約を取って来る…という場当たり的な営業活動や、新規開拓のターゲット選定を営業マン任せにしている…という無関心な社長や幹部も少なくありません。

今や、世界を見渡しても、価値があり、共感できるものや会社が選ばれていることは間違いなく、今後、その動きは益々加速していくと思われます。これまでのような、「みんなに向けた」「誰もに受け入れられる商品」を、「他社よりも安く提供します」というスタンスを脱し、自社が提供できる付加価値を明確にしてそれを磨き、自らが求める理想的な顧客に対して強くて刺さるメッセージを発信できる会社になっていくことが重要です。

私自身、最初に就いた保険会社では「商品売り」のセールスをひたすら教えられましたので、明けても暮れても商品の特徴を話して他社比較をする…という営業をしていましたが、これでは単なる保険のおばちゃんです。

私にとって仕事とは、お金を得る手段である以上に、「子ども達に誇れる自分の実現」を可能にしてくれるものと考えていましたので、そこにやりがいや生きがいも求めていました。その後転職した損保の法人営業の会社では、売り方も顧客選びも自分で自由に設定できたおかげで、10年以上も長くお付き合いできる良いお客様に恵まれ、しかも1社で年間1、000万円を超える高額な契約をいくつも任してもらえて、更にご紹介までいただけるという環境をつくることができました。手あたり次第に契約を取って歩く他の営業マンと比較すると、3年後の在り方が大きく違ったのです。

そんな私自身の経験と、これまで1、000人を超える社長と面談しヒアリングをした実績を基に、その会社なりの魅力や強み、また、社長の想いやビジョンを言語化して可視化するお手伝いを10年間やって参りました。その上で、それぞれの会社に「事業発展ストーリーブック®」をつくって、それを軸とした高付加価値な営業体制を構築することこそが、会社の永い成長発展につながると確信し、現在のコンサルティングの形になっています。

営業の現場では、「モノ売りからコト売りへの転換」が叫ばれて久しいですが、未だにモノを売ることばかりに囚われている会社のなんと多いことでしょう。

商品の機能や性能で差別化できなくなったからこそ、その会社が持つ〝こだわり〟や〝想い〟が反映されたプロセス（制作過程）を売る「プロセスエコノミー」という発想も同じくです。出来上がった商品だけに焦点を当てて比較していては、正直、それを選ぶお客様も、もしかすると売っている本人も区別がついていないかもしれません。

大事なことは、自社がその商品・サービスを提供している理由や誕生の背景、過去の失敗や挫折、そして今後何を目指す会社であるのか、といった見えない部分も含め、全てがあなたの会社の「価値」であることを忘れないでほしいということです。

世の中には、「こう書けば売れる」「こう言えば契約してくれる」「これさえあれば…」といった小手先のノウハウが溢れていますが、重要なことは、「自社の強みを活かした望ましい未来地図を描き、そこに向かう羅針盤を持つこと」です。本書では、その描き方と実践法について、多くの経営者が陥りがちな誤りを例示しながら、具体的な取り組み方を提示しています。

本書を通じて、あなたの会社の魅力が最大限活かされ、自らが望む理想的な顧客と良い関係が構築できるような会社として成長発展していただけることを願っています。

令和4年3月吉日

Ｈ＆Ｃブランディングマネジメント株式会社
代表取締役　吉澤　由美子

目次●

第1章

受注確率を9割に高めるストーリーブック営業の魔力

1、あなたの会社にも必ずある「眠れる資産」の呼び起こし方

・見えない価値が持つ魔力とは

本書は、自社の強みや魅力を活かして売れる仕組みをつくりたい、値引き合戦から抜け出して、自らが顧客を選べるような強い営業体制を構築したいと考える社長に向けて書いた実務書です。

ひと言でいうと、「売り込まなくても自動受注を可能にする営業体制づくり」の指南書です。最大の特徴は、一般的な「こうすれば売れる」的な営業トークや営業ツールなど小手先の手法とは全く異なり、ぶれない事業成長を支える根幹となる「営業戦略の柱」をつくる方法と考え方について書いた本であることです。

私は現在、ストーリー作成コンサルタントとして、主にものづくり企業の価値を可視化し、進むべき道と目標、そのためにやるべきこと、具体的な営業体制のつくり方をご指導する仕事をしています。

実際、これまで見えなかった価値を可視化することで、無料のサービスだったものが有料の主力商品になったり、今まではサービスの早さや商品の安さで勝負していた会社が、値引きをしないで販売できるようになったり、加えて、優良な顧客を紹介してもらったりして大きく業績を伸ばしている会社が多くあります。中には、これまでぼんやりとしか考えていなかった新規事業が具体的な形になって動き出した、社長と幹部の結びつきが強固になり社内が一気に活気づいたという会社もあります。

これら全ての会社に共通して言えることは、自社が持つ本当の強みと魅力を最大限に活用できるようになったということです。決して、大金をかけて新たに何かを導入したとか、他から優秀な人材を連れてきたとかいうわけではありません。そもそも持っていた社内資産を整理し、磨き上げて適切な場所で有効に活用しただけなのです。

「自社の強み」というと、真っ先に商品やサービスの品質の良さをアピールする社長が圧倒的に多いのですが、実は、商品の価値を伝えようとすればするほど、本当の意味での「価値の提供」から遠のき、ただの商品売りになってしまっているのです。多くの社長がこのことに気づいていませんが、これが、あなたの会社を価格競争に巻き込み、営業社員を苦しめている大きな原因の一つなのです。

その詳しい内容についてお伝えする前に、私がこのことに気づきその解決法を生み出すまでの道のりと、なぜこの本を書くことになったのかについてお話させていただきます。

私の前職は保険営業でした。最初は個人向けの生命保険、その後法人向けの損害保険と、トータル17年間保険営業に従事していました。保険営業は今ではやり方が大きく変わりましたが、当時は代表的なお願い営業の仕事でした。こまめに通って顔を覚えてもらって、様々な無料サービスを提供し、時間を掛けてようやく契約につなげるという昔ながらのスタイルです。しかし、このやり方では、本来の目的である「顧客の課題解決」につながっているのかという疑問が残りましたし、〝とりあえず〟契約してくれそうな人を探すという何とも非効率なやり方、しかも、このやり方ではお客様を選ぶことができず、常に相手の事情に振り回されるという毎日でした。

そこである時、こちらの武器をしっかりと提示し、それに共感してくださるお客様にだけ提案する方法にガラリとやり方を変えることにしたのです。製造業の労災と火災に特化し、それについてヒアリングを実施、問題点や課題を可視化、それを基にした根拠ある提案です。もちろん、そのための専門的な知識も必要でしたし、可視化する作業は容易なことではありませんでしたが、それに賛同してくださるお客様との契約はお互いが深く納得するものであり、契約を更新する度に信頼関係が深まっていくのを実感できました。もちろん保険料の値引きは一切要求されることはなく、満足してくださった方からご紹介が続くという嬉しい連鎖もありました。

そんな私のやり方を見ていたお客様から、ある時こんなお声がけをいただきました。

「うちの営業部隊を指導してもらえないですか」と。

当時のお客様はほぼ製造業、そのほとんどは下請仕事をしている会社でした。「今までは黙っていても親会社から仕事が来ると思っていたし事実そうだったが、これからは自分の会社で仕事を取れるようにならないと…」と悩むある社長からでした。長年下請仕事をしていると、新規開拓営業に苦手意識を持つ社員がほとんどで、営業ツールも随分昔につくった会社案内と簡単な資料くらいしかありませんでした。

そして一番の課題は、営業社員が誰一人「自社の強み」を端的に説明できなかったことです。社長をはじめ営業社員も、日頃から親会社に行って「何でもやります」「何か無いですか」と言って歩いていたようです。確かに下請会社ではありますが、数十年という長きにわたって安定的に事業が継続してきたということは、それだけのものが何かあるに違いない、と思いましたし、何より、「何でもやります」という社長の言葉を聞いた社員たちの心の内を想像すると、何だか寂しい気持ちになりました。

また、別の会社では、持っている設備や技術の素晴らしさをアピールしていましたが、「でも上には上がいて、なかなかウチが一番！と言えるものが無いんですよね」と悩んでいました。

各々の会社にはもっと素晴らしい魅力があるはずだし、それを活かして劇的に事業を伸ばす方法が必ずあるはずだ、私はそう確信して、その後、本格的にコンサルタントとして活動を始めることになりました。そこで見つけたのが本書でお伝えする「ストーリー営業」です。

商品価値を伝えようとすればするほどただの商品売りになり、オンリーワンを目指せば目指すほど泥沼にはまっていく理由と対策について、この後詳しくお伝えしてまいります。

・世の中の〝モノ〟の価値の9割は見えていない

さて、モノの価値を伝えようとすればするほど“モノ売り”になってしまう…というお話をしましたが、そもそもモノの価値とは何でしょうか。あるものづくりの会社でのエピソードを例にしてお話しします。

「社長、あの鳥居は何ですか？」

３０、０００㎡という広大な敷地の中に自社工場を持つ、創業１４０年以上の老舗寝具メーカーの社長に呼ばれ、「コンサルティングに入る前にぜひ会社全体を見てください」と言ってご案内いただいている最中の出来事です。

本社社屋と工場の間にある広い中庭に、見事な鳥居が並んでいるではありませんか。仕事柄、各地にある神社をお参りすることを習慣にしている私にとって、自社の敷地内に鳥居が何本も並んでいるという光景は、もはや不思議を通り越して、何と羨ましい！と思ったので、思わず聞かずにはいられませんでした。

しかし、社長の返事は意外なものでした。

「ものごころついた時からあそこに建っていましたから。さて、いつからあったんでしょうね」と。それよりも早く社長室に戻って今期の経営計画書に目を通して欲しい、と急かす社長に私はこうお願いしました。

「数字と向き合う前に、あの鳥居の由来を聞いてきてください」と。

その社長は五代目として最近就任されたばかり、先代の社長も会長もお元気で近くにいらっしゃることもあって、早速聞いてきてくださいました。

その中庭には、京都の伏見稲荷大社から分霊していただいた神社が祀られており、地域の人々の豊かな暮らしと、全社員の成長を見守ってくださっているのだというお話でした。明治10年に小さな綿屋として創業したその会社は、地元の人たちや共に働いてくれた社員に支えられここまで大きな会社に成長し、その長い年月の間には、工場が火事で焼失したり、経営の危機もあったりしたそうですが、今では全国に拠点を構え、社員１５０名を抱える会社に成長しました。これからも皆で協力し、一丸となって成長して欲しい…鳥居は、そんな先代の神聖な想いを象徴した建造物だったのです。

社長は生まれてからずっとその土地で暮らし、その家族の一員としてそこで生活していたので、今まで中庭の鳥居に特別な興味を持ったことは無かったのだそうです。普段からいつもある「当たり前の風景」だからです。しかし、社内のあちらこちらにある「当たり前の風景」には、私たちが知る由もない140年という長い時間と、この事業に関わった多くの人たちの想いや努力や挫折があります。それを横において「今期の売上はどこでいくら上げようか?」と電卓をはじくような経営会議を毎年行っていたとすると、なんとも薄っぺらい感じがしてしまうのは私だけでは無いと思います。普段そこにあるものを“あって当然”と感じてしまうその感覚こそが事業成長に無意識にブレーキをかけてしまう恐ろしい要因なのですから。何より、事業が長く続いているという実績は、創業から年月が浅い会社には絶対に手の届かない「会社としての信頼性」をひと言で示すことができる大切な要素なのです。

先ほどの寝具メーカーには、これ以外にも見えていないけれど価値のあるもの、活かされていないものがたくさんありました。例えば、

「よく眠れる、目覚めがよくなった」と実感して愛用している社長と社員の声です。

自社商品を使っている、気に入っているのは当たり前だ、と思うかもしれませんが、果たしてそうでしょうか。皆様の会社の社員は、自社商品に愛着を持っていますか?実は、このことに気づいたおかげで商品の販売方針やアピールの仕方が１８０度変わったと言っても過言ではありません。

これまでの販売方法は、既存の代理店からのニーズに沿った商品づくりや、大口顧客への大量販売が売上の柱になっていて、もちろんそれらの仕事やお客様は大切なのですが、新社長に交代し、今後の方向性を示すことが求められている中で、正直、社長も新たな打ち手に頭を抱えていたそうです。しかし、社長や社員の実体験を紐解いていくと、この会社が本当に進むべき方向が見えてきました。

生まれながらに自社の布団で寝ていた社長は、毎晩ぐっすり眠れるのが当たり前でした。たまに出張に出かけて宿泊先のホテルで眠りが浅いな、と思った時に布団の違いを実感するくらいで、自分自身は睡眠に関する不満や悩みは持っていなかったとのこと。しかし、睡眠不足や睡眠の質の低下は今や社会問題となっていることは知っていました。これをきっかけに、取引先やその先のお客様の声に改めて耳を傾けてみると、その悩みの深刻度合いや、反対に自社の寝具で快適な睡眠を得ることができた喜びなどを知ることになるのです。

「ああ、これだ。眠りは人生を変える、我々はその大切なお手伝いができる会社なんだ。」

社長は、〝眠りで人生は変わります〟をキャッチコピーに、今後の営業方針を打ち出すことに決めました。これまでの大量生産、大量販売路線から、睡眠の質を向上する〝眠りの専門家〟としての取り組みにシフトし、お客様の声を形にする仕組みや、本社の一部を開放的なオープンショールームにする計画などの具体的な目標を立て、それに相応しい新商品の開発にも着手しました。そして、自社の魅力が伝わるストーリーブックを全営業社員に持たせたところ、新規の取引開始件数が3倍以上に増えたのです。また、この動きに目をつけた新聞やテレビ・ラジオからも取材が相次ぎ、すっかり常連さんになりました。毎回、メディアを通して多くの人に言葉を発信していく中で、新社長としての経営方針や自分が大切にしていること、会社の理念などを広く認知していただき、ブランディングに成功した事例です。

私たちの身の回りにあって、「価値がある」「価値が高い」と言われているものの多くは、「値段が高いもの」であるという認識を持っている人は少なくないですが、モノの価値とは、そのモノ自体に対して感じる、人それぞれのものさしで決まります。伝え方や見せ方、使い方でいかようにも変化させられるものなのです。

納品スピードや価格など、皆が苦しい戦いを強いられる世間のものさしに、敢えて自分から合わせにいっていないでしょうか。そこで勝つことこそが正しいと思い込んでいないでしょうか。「B to B だからこの売り方」、「代理店がこれを望んでいるからこの商品」…という固定概念も不要です。自社がお客様に提供すべきものは何か?自社は何のために存在しているのか?この原点から営業戦略を考えていかなければ「自社が提供する」ことの意味がありません。

皆様の会社にも、普段からいつもある「当たり前な風景」がきっとたくさんあるはずです。

ごあいさつ

眠りで、人生は変わります。

忙しい日々に追われる現代。
特に私たち日本人の睡眠時間は、先進各国と比較すると、
かなり短いと言われています※。

しかし、大切なのは眠る量ではなく、**“眠りの質”**。

私たちは眠りの専門家として、質の高い眠りをとことん追求し、
「ぐっすり眠って、スッキリ目覚める」… そんな睡眠習慣が
当たり前な毎日の実現に貢献いたします。

3つの“眠Re(ねむり)”で睡眠習慣を変える。

1　生まれ変わったような最高の目覚め

毎日を元気に過ごすためには、「栄養のバランス」・「運動習慣」とあわせて、**「眠りの質」**がとても重要です。
良い睡眠には、**毎日使う寝具（掛け布団・敷き布団・まくら）選び**が重要なポイント！私たち専門家にお任せください！

2　そっと包み込むような優しい寝心地

７時間しっかり寝ても、**朝疲れが取れていない…**
そんな悩みはありませんか？

「疲れやすい」「ストレスを感じる」など、いま抱えている心身の不調は、もしかすると**寝姿勢のクセ**による睡眠不足から起きているのかもしれません。

3　地球も身体も喜ぶ！羽毛リフォーム

夜、深い眠りをとると**昼間の行動の質も変わります！**
疲れが解消され、高い集中力と体力で日中も高いパフォーマンスを発揮できます。

睡眠は私たちの生活の3分の1を占めています。
毎日使う寝具は、**定期的にリフォーム**しましょう。

豊かな暮らしと、成長を願って。

本社敷地内には、京都伏見稲荷大社より分霊して
いただいた神社を祭り、地域の人々の豊かな暮らしと、
全社員の成長を見守っていただいています。

浅尾繊維工業株式会社
〒693-0057　島根県出雲市常松町393番地1
TEL：0853-23-2525
FAX：0853-22-0479
http://asaoseni.net/

・商品・サービスだけではオンリーワンになれない

一般的に、世の中の多くの経営者は〝ナンバーワン〟になりたがります。業界Ｎｏ．１！日本初！過去最高！最短！最速！などの言葉が巷に溢れ、どの会社もみんな「オレが一番だ」と言っているようです。

一方で、会社の規模でも技術でも資本でもなかなかナンバーワンになれない会社は、何かと何かを掛け合わせて〝オンリーワン〟になろうとします。日本一にはなれないけれど、この業界に限っていえば一番…とか、この地域限定で考えればわが社が唯一の…とか、直近一年間で見るとうちの商品が…といった具合です。

確かに、どのような形であっても自社の価値をアピールすることは大事ですが、この考え方は、基本的には価格競争と同じであることを知っておかなければなりません。一つの条件下では一番価値が高いと言っているものの、競合が同じ機能を持たせたり同様のサービスを始めたりして同じ土俵にのってきた途端に魅力を失い、価格競争の世界に逆戻りしてしまうのです。この戦い方ではどこまでいっても消耗戦です。

特に、横並びの品質やほとんど差がない価格帯で競い合う業界では、何とかして頭一つ抜きんでる作戦はある意味仕方がないのかもしれませんが、事業を強く永く成長発展させるためには、自社にしかない価値を引き出して掛け合わせる、本当の意味での「価値の掛け算」を考えていく必要があります。

ある運送会社の社長にご依頼をいただいた時のお話です。

その社長は、若い頃はたいそう苦労されたそうですが、独立して10年。少しずつですが社員も増えて、次の10年に向けてどうしようか…と考えていらっしゃいました。自分なりに社員教育を始めたいと思うが何から手をつければ良いかわからない、社員一人一人と話をしてみたものの、自分の想いをどう伝えれば良いのかわからない、今の仕事のやり方の延長線上に会社の大きな成長の可能性が見出せない…という状態でした。

この10年間、大手の取引先との長く良好なお付き合いで売上は右肩上がり、おかげで自社社屋も建て、傍目にはうまくいっているようでした。しかし、大手との仕事は、売上は大きいが実入りが少ないという現実もあり、忙しさに追われる毎日で、思うように社内の体制を整えるヒマも社員教育をする時間もありませんでした。

この会社に限らず、これは多くの中小企業が抱える問題ではないでしょうか。大手との取引は確かに有難いし、一見安定しているように見えますが、あくまでも現在提供している商品やサービス（この会社であれば配送業務）が必要とされ、その内容が価格に見合っているだけ、といえるでしょう。しかも、この大手に依存する比率が高くなればなるほど、自社の生命線を相手に握られてしまう、という恐ろしい現実と向き合い続けなければなりません。商品やサービスが売れることだけに視点をおいて他社との競争に躍起になっていると、目先の仕事は増えるかもしれませんが、自社が決定権を持った対等な関係を構築することができません。これは中小企業にとって決して望ましい姿ではないのです。

実は、先程の運送会社の社長には一つ大きな夢がありました。それは、「10年以内に全社員の平均年収を５００万円にする」というものです。業界的にはまだまだ低賃金で働く社人が多く、労働環境の悪さが世間でも問題になっていますが、せめて自分の会社で働く社員たちにはしっかりとお給料を払えるようになりたいし、何よりこの仕事に誇りを持って欲しい…というのがこの社長の強い想いでした。そのためには、今の収益構造を大きく転換していく必要があります。しかも、使える資源は限られています。さて、どうしたものか…。

私たちは、まず社内資産の棚卸しから始めました。しかし、社員20名ちょっとの会社です。保有しているトラックの台数や仕事に役立つ資格なども限定的で、特に際立ったものはありません。何がこの会社の強みなのか…と探っていく中で、私は、「この規模でこれだけの仕事量を回せるんだ」というところに疑問を持ち、きっとそれだけ〝マネジメントする力〟があるに違いないと直感しました。十分に教育もできていない社員やアルバイトさんたちを適材適所に配置し、お客様とのやり取り（特にクレームに関する対応）などがスムーズに行われているのには必ずワケがある、と。

すると、やはり居ました。社長の片腕となって陰で切り盛りしてくれている重要なリーダーが。彼は異業種からの転職組で決して社歴は長くありませんでしたが、社長の人柄に惹かれ、この会社の仕事にやりがいを感じて、目に見えないところで色々な勉強をしながら切り盛りしてくれていたのです。ドライバーさんは直行直帰が多く全員が集まる機会も少ないので、都度、一対一のコミュニケーションを大切にして、時には厳しく指導をしてくれているのだとか。社員やアルバイトさんとの信頼関係は厚く、「安全な仕事」の基盤づくりには欠かせない存在だったのです。

「こんなところにうちの最大の強みが！」

改めてこれに気づいて早速ストーリーブックに落とし込もうとした時、普段であれば顧客向けに作成するストーリーブックを、まずは社員に向けてつくろうということになりました。社長の想いや10年後に向けたビジョン、リーダーのメッセージ、会社設立の時のエピソード、自分たちの大切なお客様についてなど、自社を知るバイブルとして丁寧につくりました。

次に、この「強み」と仕事の流れをきちんと可視化し、「金額ではなく信用で選ぶ時代です！」をキャッチコピーにした顧客向けのストーリーブックをドライバーさんに持たせたところ、新規の案件が次々と舞い込むようになりました。更には、この社長の理念に共感して新たに入社したやり手の営業社員のおかげで新規開拓がトントンと進み、大手取引先への一極集中体質から抜け出すことに成功したのです。

「社長、あとは、社員全員が協力して10年後の夢実現に向けてまっすぐに進むだけですね。」

そんな会話をしたのがまるで昨日のことのようです。

会社に眠っている資産は、意外と身近にあるものです。存在は知っているし感謝もしている、でもうまく表現できずに活用できていない、じょうずな資産運用ができず、ひたすらタンス預金をしている状態…と言えばわかりやすいでしょうか。

会社に眠る〝もったいない〟宝物を活かして、収益を伸ばす仕組みを構築するのは社長の仕事なのです。

事業発展ストーリーBOOK®

〜オージーブランド〜【2020】

〜 今日も笑顔で「ありがとう」を運びます 〜

チャレンジ精神と
まごころで物流に革命を！

〜人と人、企業と人、絆をつなぐ〜

〜あなたの街の安心輸送 信頼のブランド〜
株式会社オージーロジテクノ
■広島本社
〒731-5125広島県佐伯区五日市駅前3丁目10-4
TEL：082-925-1113　FAX：082-925-1114
https://ogl.Hiroshima.jp/

2．満徳（まんとく）社長の波乱万丈伝

※まんとく、とは学生時代のあだ名。名前の満徳がまんとくと読めるから。
1964年１０月３１日島根県浜田市の自宅で誕生。（当時は自宅出産も多かった）

1983年３月に島根県立浜田高等学校を卒業、広島市の企業へ就職
２１歳で最初の結婚、22歳で長男・２５歳で次男誕生。

大型トラックで全国を走りまわる毎日、子どもの運動会や発表会には一度も行ったこと無し。

仕事最優先の２０代で人生最高の年収が２６歳。（今現在より高収入）

調子に乗って商売始めたら大失敗、３０歳のとき数千万円の借金を抱える。

仕事も家も失い家族も崩壊。借金取りに追われる日々。

夜逃げや自殺も考えたが、ある人との出会いで死ぬ勇気があればなんでもできる…とポジティブに。

３１歳の時、軽トラック1台で起業。「このままでは終わらない。いつか成功するゾ！」

昼夜にわたり仕事を請けて働きまくりの３０代…。一日の睡眠時間は平均３時間程度。

１年３６５日２４時間依頼があれば仕事、年間休日０〜３日程度、４５歳で借金返済。

日々頑張っていれば必ず人は見ていて評価してくれるものだと痛感する。

４６歳で法人化。人のご縁と繋がりを大切にしてきたから今がある。

経営者となり、人を使うほど難しいことはないと感じ勉強する。人を変えるにはまず自分自身が変わること。

取引先と従業員、関わる方すべてのおかげで会社設立１０周年を迎えることができた。皆様に感謝あるのみ！

-5-　株式会社オージーロジテクノ

-10-　株式会社オージーロジテクノ

2、世界一の技術を安売りスーパーの特売で売っていないか

・価格で獲得した客は価格で逃げられる

あなたの会社では、相見積もりは取りますか？

毎日使う消耗品や、それこそ〝何でもいい〟ものなら値段は安いに越したことはありませんが、自社の利益や信頼、今後の成長に関わる大切なものを検討する時に、何を基準に判断するか？と聞かれたら、やはりその品質や自社にもたらしてくれるメリット、期待できる効果などの優先度合いが高く、〝価格〟は最終判断材料ではないでしょうか？

しかし、どうしてもこの「価格」に引っ張られてしまって、思うように新規開拓が進まなかったり、適正な対価が得られなかったりする会社が少なくありません。ここでは、価格戦略の大切さと、「価格」に引っ張られてしまう理由についてお伝えいたします。

例えば、相見積もりをとって、他社と比較して、「安いから」という理由でやってきた人がいたとします。その人は、きっとまた同じ理由で逃げていきます。なぜなら、判断の

基準が「値段」に引っ張られてしまっているからです。そうなってしまうのには大きく2つの理由があります。

1つは、相手が「値段以外に価値を見出そうとしない人である」こと、もう1つは、こちらの打ち出し方の問題。「安いよ」と声掛けしてしまっているからです。私たちは、相手のタイプを見極め、その上でお客様を「価格」ではなく「価値」で獲得できる打ち出し方を考えていく必要があるのです。

1．相手が「値段以外に価値を見出そうとしない人」

安いことは良いことだ、安く購入できたら得をした気分になる、という考え方。極端なように聞こえるかもしれませんが、多くの人（特に〝コスト削減〟や〝業務効率化〟といった言葉を多用する会社）にその傾向がみられます。確かに、今の日本国内において、どこも標準以上の技術を提供しているし、品質もある程度安心できるものではありますが、だからといって、安いということ以外に興味を持たない、価値を感じ取ろうとしないというのはもったいない気がします。実際に法人保険を提案している時にもいらっしゃいました。「保険なんてどこで入っても同じなんだから、安い方がいいに決まってるだろう」という社長が。

そのような考え方のお客様は、安かったら契約してくれるし、他にもっと安いものが見つかれば簡単にそちらに乗り換えます。その会社にとって本当に大切な財産が何で、どんなリスクに備える必要があって、そのためにはどのような対策を考える必要があるのか？…そんな、契約までの大事なプロセスには重きをおかず、「今より安く」をものさしにする考え方です。自社にとって本当に大切なお客様はどんな人だろうか、しっかりと見極める必要があります。

2.「こちらの打ち出し方の問題」について

会社案内やホームページを見ると、多くの会社が経営理念や自社の強みについて書いていますが、そのほとんどが一般的な言葉で世の中に溢れた表現になっています。「高品質」「お客様第一」「社会に貢献」といった〝ひびきの良い〟言葉です。あなたは競合他社のホームページを見たことがあるでしょうか？どこも同じような言葉が並んでいるな…と感じたことはありませんか？当然、伝えようとする中身は違うと思いますが、表現を同じにしてしまうことでその違いを伝えることができていないということに気がつかなければなりません。

わかりやすく、身近なお茶を例にご説明します。

最近はペットボトルのお茶もどんどん進化していますね。１本数百円から千円以上もする高級なペットボトル入りのお茶が出ていて、中には贈答用として数千円から数万円もする「お茶」も販売されています。私も頂き物で初めて目にしたのですが、箱には、「ワインのようにグラスでお召し上がりください」と書かれていました。〝お茶〟…恐るべしです。

もちろん高いのにはそれなりの〝ワケ〟があって、茶葉にも入れ方にも、使用するお水やボトルにもこだわるという念の入れようです。中には品種の選定だけでも数十年掛けたものもあり、飲むのに躊躇してしまいそうです。また、品質の良さやおいしさはもちろんのこと、パッケージに高級感を持たせたり、木箱に入れたりする工夫があちらこちらに施されていることも大事な要素です。

私たちが普段飲んでいる１本１５０円のお茶も、同じように産地や味へのこだわりはしっかりと書かれていて、一目見ればどこのメーカーの何というお茶かわかるようになっているし、そうしてあることで無意識に商品を選んで手に取っています。

しかし、仮に、これら全てが同じように透明のペットボトルに入れられていたらどうでしょうか？

1本1本飲み比べてみれば美味しさや味の違いに多少気づくかもしれませんが、何を根拠に選んだのか？が理解できていないものは、再度購入される確率が極端に低くなります。次にまたそれを選ぶ明確な理由が無いからです。お茶には多くの種類があって、好みやシーンで選ぶし、贈答品であれば尚更相手に合わせて選ぶ〝理由〟が必要です。

ただ、お茶のような嗜好品は「個人的に気に入っている」というだけでも立派な選ぶ理由になりますが、企業間の取引となるとそうはいきません。

「取引相手を選ぶ理由」「継続的にお付き合いする理由」はこちら側から明示する必要があります。価値あるものにはそれに相応しいラベルをつけておく必要があるのです。それは、相手があなたの会社を選ぶ理由になるからなのです。

あなたの会社は、品種や製法にこだわりを持った最高級のお茶であるにもかかわらず、透明のペットボトルに入れてディスカウントストアの入口に並べるような売り方をしていませんか？

・極上の社内資産がうもれてしまっていた

さてここまで、価値を伝えることの大切さや価格に引っ張られることの恐ろしさについてお伝えしてきましたが、そうは言っても世の中には「無料サービス」が山のように存在します。確かに、顧客側の視点で考えれば、いきなり購入、いきなり契約をして、もしも気に入らなかったりニーズに合わなかったりしたらどうしようという不安があります。特に高額な商品やサービスの場合は、どうしても慎重にならざるを得ません。そのような場合の「お試し無料」は非常に効果的だと思います。

しかし、貴重な情報やノウハウを無料で提供してしまっては自社の収益は一向に上向きません。分かっているのにやってしまうのはなぜか?もっと言うと、分からずにやってしまっているもったいない状態になっていないか?を、まずチェックしてみる必要があります。

●極上の社内資産がうもれてしまっていた事例

タイのバンコクに、日本製の寝具を専門に取り扱って販売している日本人の女性経営者がいます。彼女は、若い頃にタイに単身移住してそのまま起業、今ではタイ人スタッフを雇って、地元デパートのみならず日本から進出した大手有名デパートにも複数売場を持つやり手の経営者です。特に、地元タイ人の優良顧客向けに年に2回開催する「ジャパンヘルシーフェア」が大変好評で、こだわり商品を持つ日本の寝具メーカーからは出店したいという相談がひっきりなしでした。

そんな彼女と一緒にストーリーブックを作成していた時のことです。

日本製のこだわり寝具はタイの富裕層から非常に人気が高かったので、その分、商品の選定や値付け・売り方には細部まで丁寧に指導するのがこの社長の最大の魅力なわけですが、実はそのコンサルティング部分があいまいで、きちんと対価がもらえる仕組みになっていないことに気づきました。何となくサービスでやってしまっていることの方が多いとのこと。

なんてもったいない。

とにかくタイ人のお客様とタイ人スタッフのために一生懸命頑張る社長だからこそ…な

のですが、海外市場の最前線で活躍するプロのノウハウが無償で提供されるというのはあまりにももったいないことですし、「きちんと名前を付けて価格を設定する」ことで、頼みたい顧客側から見てもお願いしやすくなるというメリットがあります。その世界に長くいることで身についた知識やノウハウ、現場を知っているからこそ入って来る生の情報などは、とても貴重な社内資産なのです。

このようなことは、ストーリーブックを作っていると多くの会社で頻繁に起こります。収益化できる社内資産があるにもかかわらず、「今までそうだったから…」「何となくサービスで無料でやってしまっている…」「会社全体で考えればより大きな収益が見込めるのにできていない…」というようなこと。これを見つけて形にしていくことはあなたの会社の収益構造を大きく変えるきっかけにつながるのです。

・全てが〝裏メニュー〟になっていないか？

「あなたの会社のウリは？」とお聞きした時に、「何でもできます」と返してくる会社がたまにあります。「何でもですか？」と聞き返すと、「はい、うちには技術者も設備も揃っていて、大抵のご要望ならお受けできます」と返ってきたりします。それはそれで大変素晴らしいことなのですが、お客様から見て何者であるか？がわかりにくい状態では、仕事を頼みづらいし、営業する立場の人間も売りにくいものです。そして、そういう会社に限って、往々にして新規開拓に困っていたりします。

以前、ご相談をいただいた部品製造会社もそうでした。

「何でもできる」の言葉通り、確かに様々な部品の製造実績を持つ会社でしたが、とにかく営業マンが育たない…というのが社長の悩みのタネでした。ある時、ベテラン営業マンの商談に同席させてもらうと、まずヒアリングから入るスタイルでした。

相手がどのような部品を必要としていて、

今、何に困っているのか？

自社なら何ができるのか？

…といった、かなり突っ込んだ話をしていたのです。

確かにこの流れで見積りをすればかなりの確率で受注できますね、と感心していると、新人営業マンにもこれと同じやり方をさせようとしているとのことでした。自分に同行させて、「見て覚えろ」的にやっているそうです。すると、何日もしないうちに、「僕にはできません。〇〇さんだからできるやり方だと思います。」と言って辞めていくのだとか。

確かに。

そこで社長は、現場がわかる人間を営業に回せばできるんじゃないか？と考えたそうです。しかし、現場の人間は確かに技術的な知識はありますが、そもそも人づきあいが苦手だったり、機械と一日中向き合っていても平気、みたいな人が働いていることが多く、営業マンとして客先に出向いてヒアリングをしたり提案をしたり交渉をしたり…というのはどちらかというと苦手。やはり、何日もしないうちに「私には無理です、元の製造部に戻してください。」と申し出があったのだとか。これは困った…ということでご相談に至ったそうです。

これは、営業という仕事が人についている（属人化している）典型的な例で、このやり方は、既に取引のある先へのルート営業ならまだしも、新規開拓では全く通用しません。親会社から仕事が来る状態が長く続いていたりすると、自社紹介や自社のウリを説明する機会がめっきり少なくなってしまい、いざ新規開拓をしようと思った時にそのツールが無いことに気づきます。更に、営業マンを新しく採用して教育しようとした時に、様々なことが属人化しているという事実にも気づくことになります。先ほどの会社が正にその状態でした。

ちなみに、営業が属人化してしまうと、

①営業マンが長い時間かけて築きあげた人脈やノウハウが社内に残らない
②営業活動を分析して課題を抽出したり、改善策を考案・実行したりできない
③ノウハウが共有できないので新人教育に時間がかかる（早期退職につながる）
④営業マンが退職する時、既存顧客との引き継ぎが上手くいかずトラブルが発生しやすい

といったデメリットが生じます。「自分でやった方が早い」と言って部下に仕事を任せない人もいますが、その状態を放置したままにすることは、属人化に繋がるだけでなく、新人教育や社員の定着などの観点からもあまり好ましいこととは言えません。

自社のことは、自社の社員なら全員が同じように伝えられるようにしておかなければなりませんし、「知る人ぞ知る」裏メニューのようになっていてはいけないのです。

自社の強みや事業の内容、こだわりや実績など誰もが伝えられるストーリー、誰にでも伝わりやすいストーリーをつくることは、顧客開拓のみならず、社員の育成にも欠かせない重要施策なのだということはお分かりいただけたでしょうか。次の章では、多くの企業が陥る「品質アピール」「技術力アピール」の愚かさについてお伝えします。

第2章

多くの中小企業が陥る「技術を売る」愚かさ

1、利益を下げて客質まで下げてしまう根本原因とは

・多くの経営者が〝モノ売り〟思考に支配されている

さて、この章では、多くの企業が陥る「品質アピール」「技術力アピール」の愚かさについてお伝えします。圧倒的に販売力を高めるためには「自社の価値」をうまく活かさなければならないのですが、実は、多くの社長がこの「自社の価値」の捉え方や使い方を間違っているのです。そもそもの考え方の部分です。

自社のことは自分が一番よく分かっているとお考えの社長も多いかもしれませんが、自分の姿を客観的に見ることは意外と難しいものです。ここがズレたまま戦略を立てても、いつまでたっても宝の持ち腐れ状態が続いてしまいますので、ここをしっかりと押さえておくことはとても重要なのです。

ただ、長い年月をかけて身についた見方や考え方を転換することは容易いことではありません。ここでは、その基本的な考え方について紐解いていきます。

まず、世の中の多くの社長が自社の価値の捉え方や使い方を間違ってしまう大きな原因

の一つは、**「モノ売り思考が染みついてしまっている」**ところにあります。

過去にモノがよく売れた成功体験を持つ会社や、良いものをつくれば売れるんだという信念を持っている会社は特に強い傾向にあります。また、中長期的な視点、顧客の目線が大事であることは重々承知しながらも、つい目先の利益を優先してしまう会社は要注意です。

「いやいやそんなことはない、わが社は常にお客様の目線で考えています」という声も聞こえてきそうですが、果たして本当にそうでしょうか？知らず知らずのうちに「自分のものさしで考えてしまっている」という会社が多いのが現実です。

例えば、何か新しい商品を開発したり生産・販売を行ったりする上で、「自社の強みを活かそう」と考えた時に、まずやることは社内資産の棚卸しです。自社がこれまで培ってきたノウハウや実績、他社にはない設備や経験豊富な職人など、どのような資産を保有しているのかを洗い出す作業です。それ自体は大切なことなのですが、その資産を活用して「自社ができること」「自社がつくれるもの」という自分視点で考えてしまうところに大きな落とし穴があります。「早く」「効率的に」成果を出すには？とか、他社より優れた部分をアピールして…など、どうしても企業側の理屈や理論を優先させてしまい、顧客視点が抜け落ちてしまうのです。

そもそも、売れる商品をつくるためには、「何を作るか？」の前に、それが顧客のどんな課題を解決できる商品なのか？を考える必要があります。商品やサービスというものは、当然ですが買ってくれる相手があって初めて売れていくものです。買い手（顧客）のニーズよりも「作り手がいいと思うものを作る」「作ったものを売る」という考え方が優先されてはいけないのです。また、良いものさえ作れば売れるだろうという思い込みも危険です。ものづくりニッポンの多くの会社に染みついた思考は価値ではなくモノを売る発想に直結してしまうのです。

ところで。昔から、売り手と買い手の心理をうまく表現した言葉がありますが皆様はご存知でしょうか。

「ドリルを買う人が欲しいのは〝穴〟である」という有名な言葉です。

ドリルを買った人は、ドリルそのものが欲しかったわけではなく、そのドリルを使って穴が開けたかった…つまり、穴という「結果」や「利益」を求めていたのです。これは、今から50年も前の言葉だそうですが、いまだに色あせずに使われ続けているのは、まさにマーケティングの本質を突いているからなのでしょう。ただ、これだけ言い続けられているにも関わらず、ドリルの性能を上げたり1円でも安く作ったり売ったりすることに気をとられ、気がつけば顧客が望まないドリルの性能競争や価格競争に陥ってしまっている企業の何と多いことでしょう。顧客が望まない多機能すぎる家電や、ほとんど違いがわからないカメラの性能で競うスマホ、よくわからない保険の特約など、つくり手側の過剰な〝ドリル合戦〟は本当にたくさん身近に存在します。

常に競合他社の動きを意識し、分析し、その性能を少しでも上回る（値段の下をくぐる）ことばかりに躍起になって、いつの間にか顧客の課題解決はそっちのけで、競合に打ち勝つことが目的のようになってしまっていませんか。

このような近視眼的で独りよがりなものづくり（商品づくり）は、自ら価格競争に挑み、意味の無い性能や品質の向上に努め、結果、利益を大きく押し下げることになり、会社の経営に大きく影響することになります。

皆様の会社のものづくりは誰を見て行われているでしょうか？

・価格に対する間違った考え方が刷り込まれている

さて、多くの企業が「価格競争から抜け出したい」と考えているにも関わらず、「価格」に対する向き合い方を間違えていたりします。価格とは、その商品・サービスの価値を表わすもので、買い手にとっては価格が商品の価値や品質を判断する「モノサシ」となり、購入する際の意思決定の決め手となるものであることに間違いありません。

ただ、その大切な価格に対して安易な考えで接している会社が意外と多いものです。それは、事業の特徴や業界の慣習などによって、長い間「こんなもんだ」と思われていた部分だからなのでしょう。自社の利益を決め、ブランドイメージさえ左右しかねない「価格」に対し、間違った考え方が刷り込まれ続けてきたのかもしれません。例えば、

「価格は他人が決める」「価格には相場というものがある」の間違い…。

一般的に、請負仕事には先方都合の予算や単価が決まっています。それを請け負うからには、決められた枠の中でやり繰りしなければなりません。と言っても、やり繰りできることには当然限度があって、設備や材料など、どうにも動かしようがないものに対しては優先的

にあてがって、あとはやる気と根性で何とかする…という引き算発想。

実は、私がまだ研修講師の仕事をメインにやっていた頃もそうでした。無名の私には自力で顧客を開拓する力が無かったため、大手の研修会社に複数社登録していました。当然、研修会社には多くの社員がいて、彼らが営業活動を行ってくれるから仕事がもらえるワケですが、その単価の低さと言ったらなかなか辛いものがありました。そこには、

新入社員研修の「相場」はこれくらいですから…
もっと安くお願いできる先生は他にもいますし…

という、正に「他人が決める」「相場」というものが存在し、非力な私はそれに振り回されるしかなかったのです。

ちなみに、当時の研修は、新入社員向けのビジネスマナー研修で１日10万円くらい、ＦＰ研修に至っては１日５万円くらいが相場だったと思います。同じような内容で研修できる講師が山ほどいたからで、私の〝代わり〟はいくらでもいるということです。何年もの時間を

掛けて勉強し、資格を取得して、ようやく講師としてデビューしてもこんな感じです。事前に何時間も掛けて作成する資料も全て込みの金額ですから、時間単価に換算すると悲しくなったように記憶しています。その後、同じ内容でも、「管理者」や「経営者」向けにシフトして自分で開拓できるようになってからは、単価が3倍から5倍になりましたが、仕事の単価は、「自分にしかできない仕事であるか?」と、「自分で開拓できるかどうか?」でこんなにも大きく違ってくるという、いい体験をさせていただきました。

価格には、それを決定できる権利を持った者とそうでない者が存在します。自社は値決めができる会社なのか、その発想や体制があるのか…ということはとても重要なのです。

また、もう一つの間違いは、

「価格は安い方が喜ばれる」の間違いです。

価格は最も比較が容易なものさしであるため、多くを説明するよりも低めに設定するだけで目先の売上がつくりやすいし、顧客もその方が喜んでくれているだろうと考えてしまいがちですが、本当にそうでしょうか？あなたの会社の顧客は、あなたの会社の製品が安いからという理由だけで購入しているのでしょうか？

あなたが何かモノを買った時、決してそれが安かったからではなく、何かしらの価値を感じたから買ったのではありませんか？私たちが本当に考えなければならないのは、「いかに安く売るか」ではなく、「いかに、安く売らずにすむか」です。モノの価値を考えずに価格だけに目を向けてしまうのは、正に思考停止の始まり…。価格競争では、短期的な〝売上〟をつくることはできても、〝顧客〟をつくることはできないからです。

私がコンサルティングに入ってまず行なっていただくのが自社分析。弊社独自の「３Ｄ分析」という方法を使います。〝３Ｃ〟ではなく、〝３Ｄ（３つのどうして？）〟です。営業戦略を考える時、どうしてもターゲットとか、価格など目に見えるものを操作しようとしてしまいがちですが、上辺だけ取り繕っていると他社と似通ってしまうので、自社独自の戦略を打ち出していかなければなりません。その時の軸になるのが、この３つのどうして？なのです。

・「3D分析法」

「3D分析法」について簡単にご紹介します。この手法は、単なる強みの洗い出しに終わらず、3つの〝どうして〟という視点によって洗い出した強みを「使命感」「価値観」「顧客ニーズ」にそれぞれ落とし込む弊社独自の手法です。

〈1〉「どうしてあなたはその商品（サービス）を売っているのか？」

会社で今一番の「売り」である商品に対して、どうしてそれを売っているのかを問う1つめのどうして。経営者はどうしても売上や利益の高い商品（サービス）を会社の売りと勘違いしがちですが、商品を販売する行為の根底にはそれぞれの使命感があることが望まれます。どうしてそれを売るのか？…その本当の意味を経営理念と照らし合わせ深く考えるだけの大きな価値があります。

〈2〉「どうしてあなたの会社から購入したのでしょうか？」

現在、あなたの会社と取引をしている顧客は、どうして購入してくれたのでしょうか。世間には多種多様な商品（サービス）が溢れ、海外とも気軽に取引できるこの時代に、なぜ御社から購入をしてくれたのか？そこには、顧客の隠れた価値観を理解するヒントが隠れているのです。２つめのどうして…ぜひ顧客の声に耳を傾けてみましょう。

〈3〉「どうして他社を選ばないのでしょうか？」

同業他社を見渡してみると、価格や品質、販売実績やアフターフォローなど自社よりも優れている会社は多くあります。そんな中でどうして顧客は他社を選ばないのか？どうしてあなたの会社なのか？そう自らに問いかけてみたことはありますか。３つめのどうしては、これこそ正に顧客ニーズを知る鍵なのです。

これら〝3つのどうして〟を分析し自社の強みに落とし込む…それが３Ｄ分析法です。強みが明確になってこそ、本当に自社の強みが活きる営業戦略を立てることが可能になり、その上で適正な利益が得られる価格設定を考えていくべきなのです。

価格には、その会社や社長の使命感や自信が表れます。間違った考え方をしてしまっているのであれば早急に正しましょう。

・客層を選ぶ、良い関係を構築するという発想が抜け落ちている

小売業やサービス業では当たり前のように行われている「ペルソナの設定」や「顧客管理」。製造業でも〝toC向け〟の商品開発やサービス提供をしている会社では浸透してきているのではないでしょうか。…ちなみに、ペルソナとは、商品やサービスを利用する架空のユーザー像という意味で使われていて、それを詳細に設定することで、商品・サービスの開発や店づくりに活かすことができます。「こんなお客様に来て欲しい」、「こんなお客様に使って欲しい」という理想の顧客像に対して商品・サービスをつくり、それを提供する場（店）づくりをしていくのです。また、そうして集めた顧客に何回も足を運んでもらうための情報提供やファンづくりに欠かせないのが顧客管理です。ここでは、特にものづくりの会社にとって重要な「ペルソナの設定」について考えてみたいと思います。ペルソナ…あなたの会社の商品やサービスを使ってくれるユーザー像についてです。

ユーザー像というと、従来は「50代既婚の男性」とか、「40代独身・会社員の女性」などのように、主に年齢や性別、属性などで顧客を分けてターゲットを設定するのが一般的でしたが、近年のライフスタイルの変化よって、そうした分類だけでは顧客のニーズが予測できなくなってしまいました。そうした大雑把な分類では、根底にある価値観や行動特

性などを把握することができないからです。

近年この考え方はＢtoＢの事業を展開する企業でもスタンダードになりつつあります。私は普段ＢtoＢ営業のご支援に関わる機会が多いのですが、商品・サービスの特徴の次に、理想とする顧客像や自社の理念・ミッションを伝えてくる企業がものすごく増えてきています。自社の考えに共感してくれる会社を探したい、共に成長できるwin-winの関係性を構築したいと考える経営者（特に若手）が増え、モノさえ売れれば…とか、売上さえ上がれば…としか考えない会社とは付き合いたくないというのが彼等の本音のようです。

ただ、仕事の取り方によってその感覚は違ってくるようです。積極的な新規開拓を行っている〝攻めの営業スタイル〟の会社は先ほどのような「理想顧客との出会い」に力を注ぐ傾向にありますが、元請・下請関係とか、以前からの付き合いでとか、他にやってくれるところがないから…というように仕事が向こうからやって来る状態が続いている…どちらかと言うと〝待ちの営業スタイル〟の会社は、顧客（仕事）を選ぶとか、顧客を育成するという発想がごっそり抜け落ちているように見受けられます。

前出のタイの経営者もこのように言ってくださいました。

・・・・

このコンサルティングを受けると自分の中にあるモヤモヤした考えがきちんと言語化され、今後の方向性が明確になります。

また、ストーリーブックをお取引先にお渡しすることで自社の価値観を明確にお伝えすることもできます。弊社はホームページと会社案内で使用するほか、タイ語に訳して経営計画書の中に埋め込むつもりです。（中略）

最後に、
すべての会社がストーリーブックを作ってくれたら、ビジネスパートナー探しももっと簡単になるのでは、と思ってしまいます。

今後ストーリーブックが世界に広がっていくことを祈っています。

（お客様の声より一部抜粋）

・・・・

彼女のように、顧客や社員を大切にし、そのための商品選びや場づくりに徹底的にこだわる経営者は、その商品を作っている会社や社長のことをしっかりと見ます。だからこそ、良いビジネスパートナーを探すために、すべての会社がストーリーブックを作って欲しいと思うのです。

「労力が同じならなるべく大量にさばこう」…といった発想は大雑把なターゲティングにつながります。特に、その手法で過去に成功体験を持つ会社ほど同じ過ちを繰り返してしまいます。

自社を成長させるためには、理想の顧客像を明確にし、そこに伝わるメッセージを言語化して装備し、開拓する力を養う必要があります。仕事は向こうからやってくる、仕事をくれるお客様は神様である、といった間違った発想は今すぐに捨て去るべきです。

2、無意識に自社のブランド価値を落とす決定的な要素

・モノありきの販売体制

ここまで、「自社の価値」の捉え方や使い方についてご説明してきましたが、それらが正しく戦略に盛り込まれていないことで生じる社内の問題について知っておく必要があります。長年の積み重ねで社内では常識となっていることが、実は無意識のうちに自社のブランド価値を落とすことにつながってしまっているのです。ポイントは大きく3つです。

まず1つ目は「モノありきの販売体制」。

言葉の通り、何をつくっているのかをベースにした販売体制です。これは非常に多くのものづくりの会社に見られることですが、一番わかりやすいのがホームページです。その代表格が、製品案内・技術情報・カタログはこちら…という構成になっていて、「会社について」書いてあるページのボリュームが極端に少ないのが特徴です。

取扱製品の多さや、技術・安全性についての情報が多く、誰が、どんな想いでつくって

いるのか、何を大切にして事業を営んでいるのか、どこを目指しているのかといった、その会社の「顔」が見えないホームページでは、温度感が全く伝わらず、極端な表現をすれば、自動販売機がそこに置いてあるような状態です。

製品カタログ（こういうモノをつくっています）
←
スペックは？価格は？
←
御見積します
←
他社と比較して検討します

この販売方法だと、だいたいこのような流れが想定できるのですが、これでは自社の価値や魅力を伝える場所(出番)がありません。このような販売方法をとっている会社は、ホームページに限らず対面営業の場でも同じようにカタログを広げるところからやってしまっています。

以前、ある会社の幹部社員の営業に同行した時のことです。

「○○をつくっている会社です」

「△△さんとお取引がある会社です」

といった簡単な自社紹介の後、直ぐに製品の説明に入る営業スタイルでした。普段からいつもそうやっているそうで、本人は特に何の疑問も持っていない様子でしたが、これは絶対にマズい流れです。

多くの場合、初対面で「○○をつくっている会社」と言うと、相手は間違いなく一般的な製品や他社製品が持つイメージを抱きます。「ああ、それね。それなら間に合ってるよ…」と心の中でつぶやいているかもしれません。そのままの流れで製品の特長や価格・納期の話しに入ると、ほとんどの確率で「とりあえず見積りを出して」と言われてしまいます。

皆様もこのような経験をお持ちではないでしょうか。

特に下請け仕事が長い会社は、大手の仕事をした実績が名刺代わりになり、「△△さんとお取引がある会社です」とさえ言っておけば、自分の会社のことなど説明する必要もない…と言う社長もいたほどです。（極端ですが、真顔でした）そんな社長の後ろ姿を見て育つ社員は皆同じように自社紹介がうまくできません。その必要は無いと思っているので伝える努力もしないのです。結果、既存のルート営業で仕事はとれても、新規開拓がうまくできない…という問題を抱えていたりします。

・モノありきの組織づくり

ポイントの2つめはモノありきの組織づくりです。モノありきの組織づくりとは何ぞや？と思われる方もいるかもしれませんが、これはものづくり業界の人間ではない私だからこそ感じる感覚です。

以前、初めて金属製品製造会社のコンサルティングをした時、一週間ほどその会社の中に入り込ませてもらった経験があります。当時はまだまだ経験も浅く、営業指導をするためにどんな仕事をされているのか知りたかったし、単純に現場を見てみたいという好奇心が強かったというのもあります。その時に、現場の社員さんに一人一人話しかけて様子を聞いて感じたのが「モノありきの組織づくり」という感覚です。

要は、「モノが流れて製品になっていく過程」というレールが真ん中に敷かれていて、そこに納期や材料や検査などが乗っかってきているというイメージです。目に見えるものに対しては、機械の操作手順や単価計算・スケジュール管理など大変しっかりされているのですが、目に見えないもの（例えば、仕事の教え方とか、顧客満足とか、個人目標の達成とか、そもそもの目標設定の考え方など）については急に苦手になるんだな、という感想を持ったのを鮮明に覚えています。

現場ではほとんどの工程に機械を使っていたので、ほぼ自動化されて効率化できているにもかかわらず、一方で、会社（特に中小企業）にとって最も大切な、「自社の価値を高める」とか、「付加価値をつけて高収益を狙う」といった重要な部分に手を加えられておらず、もったいないなと思ったからです。

その結果、何が起きるかと言えば、仕事の教え方が分からなかったり人によって教え方がバラバラだったりするので社員が育たないとか、現場しか知らない社員と顧客の要望に直面する営業マンの間に温度差があって顧客への対応がまちまちでクレームになるとか、毎年の目標といえば売上やコスト削減などの数字しかなく、何年働いても自己成長ややりがいが感じられず辞めてしまう社員がいたりするのです。

例えば、「仕事の教え方」一つとっても、自分が上手にできることと、他人に上手に教えられることは全く別のお話です。人員が限られている中小企業では、「仕事が上手にできる人」がリーダーや管理職に就いているケースが少なくありません。ただ、その技術を他人に…しかも新入社員など不慣れな人間に教えようとすると話は違ってきます。

自分ができる人がやってしまいがちな失敗例としては、ずっと昔のできなかった頃の自分のことをすっかり忘れて、

「これぐらいはできるだろう」とか、
「これぐらい普通わかるだろう」
と思ってしまうことです。

しまいには、「なんでこんなこともできないんだ?!」という感情をあらわにしながら教えるものですから、仕事を教わる側からすれば、〝わからないことがわからないレベル〟だけれど、もはや質問すらできない空気感に飲み込まれてしまう、ということが起きてしまいます。決して全ての会社がそうだとは言いませんが、かなりの数の会社で「いつもの風景」のように見かけました。

物事の順番や、なぜそれをするのか?どうしてそれが大切なのか?がきちんと伝わらず、

しかもできない方が悪いという空気の中で聞き返すこともできない新米社員は、同じミスを繰り返してしまうことになります。ミスをすればまた何倍もお叱りを受ける…という負のスパイラルに落ちてしまうのです。

また、「顧客満足」についての考え方も、社内でちゃんと共有できている会社とそうでない会社では、こちらも収益に大きく影響が出てきます。「お客様の要望を聞き入れることが最優先」…的な空気が漂っている会社に見られる失敗です。

特に大手との取引依存度が高い会社にありがちで、

「多少の無理は聞いて当たり前、できるだけ要望に応えることこそが顧客満足につながる」

と、言葉にはしないものの暗黙の了解となっている会社です。

この考えは一見正しいようですが、判断基準が不透明なので、特に利益計算に疎い現場のリーダーがミスを犯しやすい原因になっているのです。

顧客が希望する納期に間に合わせるために、連日残業をさせ、後で残業代に驚いたとか…
顧客の注文に合わせて材料を発注するので、結果、単価がもの凄く高くなってしまった…

というようなことは日常的に起きています。

ここでも、

「そんなことは少し考えればわかるだろう」

という上司の一喝で終わってしまって、その後の改善につながらない…という会社も少なくありません。

事業を成長させるためには、売上や効率・納期スピード・顧客数など表面的な数値も大事ですが、その根底にある「考え方」や「基準」などの根幹となる「価値観」を明確にしておかなければ肝心なものを見失うことになります。高付加価値・高収益性・高価格販売など、多くの中小企業が望む経営体質を目指すために一番にやるべきことは、見えない部分の言語化です。

・モノありきの事業計画

さて、ポイントの３つめは、モノありきシリーズの最後、「事業計画」についてです。

あなたの会社の事業計画書には何が書かれていますか？

私がイメージするモノありきの事業計画書とはこんな感じです。

・右肩上がりの売上目標
・毎年少しずつ増える社員数
・今後伸びが見込める製品について
・コスト改革（５Ｓ、外注の推進）
・営業所の開設計画
・設備投資

(株)○○○　中期経営計画(2019～2021年)

2019. 9. 1　(株)○○○:(■■・△△)

	2019年	2020年	2021年
経営の主眼 成長し続ける会社	・脱▲▲への地盤固め	・経営体質強化(▲▲・新規開拓・直販体制)	・経営体質強化:加工能力増強(設備増強)
売上高 経常利益 労働分配率 社員数	・売上高:1,000M¥(83.3M¥／月) ・経常利益:55M¥(4.6M¥／月) ・労働分配率:89.2% ・社員数:70人(30)	・売上高:1,100M¥(91.7M¥／月) ・経常利益:65M¥(5.4M¥／月) ・労働分配率:88.9% ・社員数:76人(30)	・売上高:1,200M¥(100M¥／月) ・経常利益:80M¥(6.7M¥／月) ・労働分配率:88.4% ・社員数:80人(30)
伸びる製品 KOP MMW 汎用 新規他	590M¥(4.9M¥／月) 147M¥(12.3M¥／月) 95M¥(7.9M¥／月) 168M¥(14M¥／月)	600M¥(50M¥／月) 160M¥(13.3M¥／月) 100M¥(8.3M¥／月) 240M¥(20M¥／月)	620M¥(51.7M¥／月) 172M¥(14.3M¥／月) 105M¥(8.8M¥／月) 303M¥(25.3M¥／月)
重点品戦略 KOP	・●●●受注開始・TW集約による受注増加	・TW集約500KP／月体制 ・WGV生産開始	・●●●他ESW受注増加 ・TW集約600KP／月体制
MMW	・㈱○○○営業開始	・□□□受注推進	・▲▲▲による展開
新規他	・㈱△△からの大口引合	・○○(ロスト)2M¥・○○(モリオ)部品他2M¥・□□□(WHY)1M¥	・ISO9100取得による医療関連部品等2M¥(▲▲電機・■■電機)・大分・KING
効率経営 組織・制度	(就業規則の見直し) ← ・組織見直し製造部・経営企画室 ・経営企画室設置(●●室長)	・人事制度見直し・導入・設計 (賃金体系、退職金の設計、賞与支給方式の設計)	→ (2019／12−2021／12) (昇格・昇進制度、教育訓練制度、手順書マニュアルの作成)
営業拡充	・関東営業開始(田中) ・関西営業開始(小林)	・部品メーカー、問屋駐在営業	・関東・東海営業所開設
教育・研修	・NC／MC扱い人員拡充 ・業務担当新規採用(牧本)	・機械多台持ち者の教育指導 ・製造部人材強化(大元・○○)	・製造部人材強化(■■技術系一副参事クラス)
コスト改革 製造	・効率機械導入加工費原低 ・P5.5%の達成	・新営機械導入・段取改善VEC ・P5.9%の達成	・現場主導VECの拡充 ・P6.7%の達成
外注	・場内取込み(外注費減)・2社購買	・外注への指導・共存共栄の推進	・加工改善の提案制度化
技術向上	・難削材(TC−W他)の切削技術データ収集 ・ISO9100取得	・難削材の切削技術確立	・大型品の技術確立
設備投資	・NC旋盤2台　・横MC他:40M¥	・横MC　・自動盤:25M¥	・高速横型MC:　15M¥
キャシュフロー(健全経営)	・財務内容の適正化 ・新営投資のフォロー具体化 ・運転資金適正化	借入金圧縮200M¥ → → 効率・利益・原低 → ・生産性5%アップ	・借入金150M¥ ・技術＆経理タイアップで実施 ・生産性5%アップ(累計10%)

等々、正にひと昔前の成長し続ける会社のイメージそのものです。

一方で、それを支える社員や社内体制についてはほとんど記載が無いのが特徴です。

流石に今は働き方も大きく変化していますし、優秀な人材の確保が難しくなってきている中でこのような拡大路線、しかも仕組みではなく人力頼みの売上計画では無理がありますが、ほんの数年前まではこのような計画書を見せてもらう機会が多くて本当に驚きました。

そういう会社に共通していることは、

「毎年、事業計画発表を行っているが、それを理解している社員が少なすぎる」

と、社長や一部の幹部が愚痴をこぼすことです。


確かに、数字だらけの計画書は、もともと興味でもない限り理解が難しい上に、社員が一丸となって成し遂げたいと思えるようなキャッチコピーやワクワク感がどこにも見当たらず、売上目標達成は、イコール、自分たちの仕事をよりハードにさせるだけ…としか感じることができないものなのです。

事実、私も会社員として働いていた時は、どんなに社長が良い話をしたところで、

「それは会社が儲けるための話でしょ？」

としか思えませんでしたし、そこに関わることで自分がどう成長できるのか？会社はこれからどこに向かうのか？なんて考えたこともありませんでした。

しかし、これからの時代は違います。

ホームページや会社案内でどんなに良い言葉を並べて奇麗に着飾っていたとしても、一番身近にいる社員が魅力を感じない会社は淘汰されていきます。なぜなら、社員はあなたの会社を映す鏡そのものだからです。

「うちの社員は何だかやる気が無いな～」

と感じている社長は要注意です。

知らず知らずのうちに自社のイメージが下がっているかもしれません。

3、うっかり見落としがちな2つの重要ポイント

・言いたいことを言うだけでは伝わっていない

知らず知らずのうちに染みついてしまった「モノ売り思考」や「価格の考え方」が会社のイメージを大きく落としてしまう危険性があるということについて説明してきましたが、心当たりがあるという社長にぜひお伝えしておきたい2つのポイントがあります。それは、

「言いたいことを言うだけでは伝わらない」ということと、
「過程を付加価値に変えるという発想を持つ」ことです。

今の事業のやり方を大きく変えることなく、ストーリーを活かした戦略づくりの基本となる部分です。

まずは「言いたいことを言うだけでは伝わらない」についてです。仕事柄、人の話を聞く機会が非常に多いのですが、聞いていて面白いな、興味があるな、という時と、あまり

興味をそそられない時があります。例えば、初めてお会いする社長には必ずと言っていいほどお聞きするのが創業のきっかけや仕事をする上で大切になさっていることです。そこで出てくる社長の挫折やくやしさなどにはとても共感しますし、それを乗り越えて今があるんだという話には感動します。その経験があってこそ現在の事業があり、その信念につながっているのだな、と聞き入ってしまいます。皆様も同じではありませんか？

しかし、これがどうでしょう…売上が何年で何倍になった、社員数が何人増えた、昨年の売上がいくらだったという話ばかりが続いたら興味が湧くでしょうか？確かに凄いな、とは思いますが「また会いたい」「もっと話を聞きたい」とは思わなくはないでしょうか？

そこに人がいて、誰もが懸命に生きていて、共感できる物語があるからこそ人は感動し、また会いたい、話しを聞きたいと思うものです。聞き手の立場ならわかることが、なぜか話し手の立場になると物語ではなくただの情報を伝えてしまうというミスマッチはいつも身近で起きています。話す立場になった途端に、なぜか相手が聞きたいことではなく、自分が言いたいことを話してしまうからです。

以前、法人向けに採用サービスを提供する会社の営業支援をしたことがありますが、その会社が提供しようとしていたのは求職者と採用する企業側のミスマッチの解消ツールです。人材の採用がどんどん難しくなる中で、この数年で一気にオンライン化が進み、自社が望む人材の採用が益々困難になっているという現状を抱えているにも関わらず、採用担当者がやっている会社説明会は相変わらず「会社の規模や仕事の内容、給与などの待遇、福利厚生」等についての〝情報の説明〟。しかし、求職者が知りたいのは、そんな「採用ページに記載されている情報」ではなく、どんな人が働いているのだろう?どんな会社なんだろう?実際に入社した人はどう思って働いているのだろう?という生の現実です。それを伝えないまま、飾り立てた表向きの情報だけを伝えて採用しても「思っていたのと違う」と、早期退職につながってしまうから、きちんとそれが伝わるようにしましょうというサービスです。

これも、伝える側と伝えられる側の感覚のミスマッチの典型と言えるでしょう。私たちはなぜか逆の立場になった途端にわからなくなってしまう生き物らしいので、要注意です。彼らが営業している様子を見て私が思ったのは、企業側（担当者だけではなく社長も）の自覚が思った以上に無い、あっても非常に低いということです。自分たちはきちんと伝えているつもりの会社が多いなという印象でした。当時の営業部隊はそこの啓蒙活動に相当のエネルギーを費やして苦労しましたが、それを支えたのは「世の中から採用のミスマッチを無くすんだ」というチーム全員の使命感でした。

…オマケですが、求職者側（学生や転職を希望する人）も、企業にはそれを求める一方で、自分の自己アピールとなると学歴や持っている資格、実績などの「情報」をたくさん並べてしまっているという笑えない事実もありました。ここは相当に意識していないと本当に難しいところです。

・過程を付加価値に変えるという発想を持つ

続いてもう1つのポイント、「過程を付加価値に変えるという発想を持つ」ことについて。事業を行っていると、結果が全て…という考え方が非常に強いなと感じます。もちろん、商品が売れて、利益が出て、会社が存続してなんぼですから結果は大事です。私も結果でしか評価してもらえない営業の世界に長くいましたので、痛いほど身に染みています。

しかし、その結果である「商品」や「サービス」に大きく違いが出せない…競合との差別化が難しい…としたら、どこで勝つか？と聞かれればその過程に目を向けるしかありません。過程に目を向けるとは、その流れや出来事一つ一つを丁寧に説明して価値を感じてもらうことです。例えば、普段私たちの身近にある食べ物などは分かりやすいですね。

（A）「産地と値段だけが書かれた野菜」と、

（B）「農薬を一切使わずに私が大切に育てた個数限定の〇〇です」

と書かれた野菜では、値段が違って当然、むしろ安心で美味しそうなので（B）の野菜を買いたいと思う人が多いのではないでしょうか？その過程を説明することでしっかりと価値を伝えているからです。

また、

（A）「安心・安全な家づくりをしています」という住宅メーカーと、

（B）「１００項目を超える標準施工手引書に基づいた当社オリジナル施工管理マニュアルで正しい工事を行っています。また、外部の第三者機関による施工状況検査と評価を合計10回行うことで、徹底した品質管理に努めています。」

という住宅メーカーがあったらどちらの方に価値を感じるでしょうか？

これは実際にストーリーブックをつくった会社の例ですが、（A）のように営業していた時にはなかなか良さが伝わらず、値段で他社に流れていくお客様も多かったそうです。

しかし、一生に一度の大きな買い物ですし、家は見えないところに品質が出るものなので、しっかりと伝える努力は必要だね…と言いながら、必死に「価値の可視化」をしました。

ただ、この過程というのは、当の本人たちにとっては普段の日常なので、そこに価値を見い出すことは思った以上に難しいようです。更に、この過程を高付加価値な商品・サービスに変換するためには、絶対に外してはならない営業モデルがあるのですが、それが理解できていないと、いつまで経っても価格競争から抜け出すことができません。そこに気づかず今のスタイルを続けるのは猛烈にもったいないことなのです。これからその営業モデルのつくり方についてご説明してまいります。

第3章

社長のための「値引きが絶対にできない」経営の戦略

1、「何でもできます」で自分の首をしめていないか

・「何でも屋さん」の看板にはそれ相応の顧客が集まる

さて、「モノ売り」や「値引き」ができない仕組みをつくる方法をこれから説明していきますが、そのために「経営者が絶対に外してはならない入口設計の重要性」についてお話しいたします。ここを間違うと後でお伝えする体制づくりがうまくできなかったり、思うような利益が得られなかったりしてしまうため、まずはしっかりと押さえておいていただきたいのです。

先ほど、価格に振り回されない経営をするためには、自社の価値を可視化し、高付加価値な商品・サービスに生まれ変わらせる必要があると申し上げましたが、その時に重要なのが「入口の設計」です。特に限られた体力で勝負をしている中小企業だからこそ、自社の「売り物」を何にするのか？どのような体制で切り込んで行くのか？また、誰を相手に選ぶのか？を戦略的に設計していくことが非常に大きな分かれ道になります。どれだけ優れた価値を持っていても、その伝え方と伝える相手を間違ってしまっては思うような展開が望めませんので、自らが戦い方を選べる入口戦略を考える必要があります。

分かりやすいよう、「何でも屋さん」を例にご説明します。

皆さんは「何でも屋さん」に仕事を依頼したことはありますか？ごみの片付けから障子の張替え、部屋の模様替えまで何でもやってくれる、あの「何でも屋さん」です。私は、事務所の移転や自宅の引越しの時には何度もお世話になりました。一度に色々やってくれて、便利で、しかも安価で…とっても助かります。一方で、大切な額の移設や、事務所のデザイン・インテリアなど、会社のブランドイメージに関わる部分は専門家にお願いしました。目先の安さよりも、今後生み出してくれる価値に投資しようと思うからです。

ここで私たちが押さえておかなければならないポイントが２つ、

①何でも屋さんを探す時に、お客様はどうやって探すのか？

そして、

②大切なもの、価値があるもの、投資価値があるようなものは何でも屋さんにはお願い

しない

ということです。

まず、①のどうやって探すのか？ですが、多くの人は「何でも屋さん　○○市」といった感じでインターネットで検索すると思います。いくつか出てきた中で、安いところ、早くやってくれそうなところ、後は電話の対応が良かったところ、みたいな感じで選んでいるのではないでしょうか。中には、不用品の買取や、他社ではやってくれない大型のものの移動や処分など特殊な仕事が頼めるところを探す人もいるかもしれませんが、多くの場合は正直「どこでも良い」のです。

この図をご覧ください。

これは、各々の会社の商品・サービスの特徴と営業方法を表したものです。横軸が営業方法（右が提案型の営業・左が受け身な営業）で、縦軸は商品・サービスの特徴（上がオリジナル性・高付加価値なもの、下が量産品・ライバルが多い）と定義しました。

先ほどの何でも屋さんは左下の受け身な営業体制、且つ、ライバルが多いブロックに入ります。お客様が探して来てくれるのを待たなければならない上に、同じようなサービスを提供する会社が多く、価格勝負になってしまうゾーンです。

何でも屋さんに限らず、特徴のある商品・サービスを持たず、しかも受け身な営業体制の会社の多くは価格勝負で体力を消耗し、現場の社員は疲弊しています。

自社の営業方法を知る

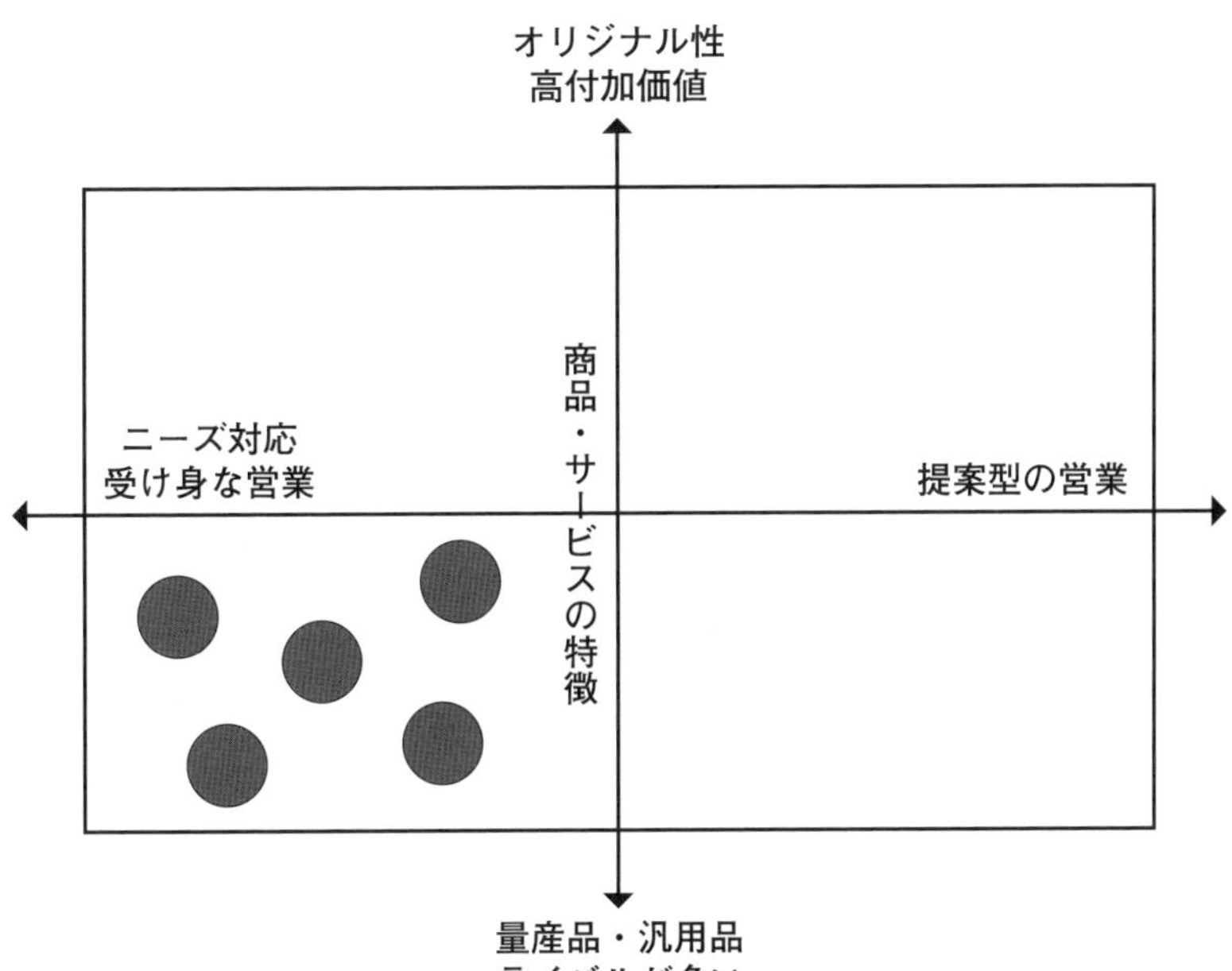

ちなみに、以前私がいた保険業界はとにかくライバルが多く、商品単体では他社との差別化が難しかったのですが、提案型の営業ができたので一般的には図の右下にあたります。そんな中で自社独自のサービスをつくって、それを付加価値として何とか右上のブロックで戦える体制を…と試行錯誤していました。当時は労災事故を補償する保険を専門に販売し、事故対応のレベルの高さで勝負しようと考えたのです。労災事故はその会社の信用にも関わる出来事なので、慎重且つスピーディーに解決していかなければなりません。そんな時に頼りになるのが保険会社と提携している労災専門の弁護士さんです。

弁護士さんと一口に言っても、離婚案件が多い弁護士さんもいれば借金問題案件を多く抱える弁護士さんもいます。「来るもの拒まず」で何でも応じている方もいらっしゃいました。この時に間違って「何でも受けます」的な弁護士さんにお願いしてしまうと、労災事故のことが分からず、判断や対応を誤って大きな損害を被りかねません。間違いなく「価格より価値」で選ぶべき案件です。

また、保険営業マンにも「生保も損保も、法人も個人も…何でも取り扱っています」というワンストップ的な販売方法をしている方がいましたが、小さな契約の相談や対応に振り回されている間に、本来大切にすべきお客様（大きな契約）を落としてしまうというミスを繰り返しているようでした。非常にもったいない話ですが、実際に多くの人がこのジレンマに陥っていました。

一人でも多くの人に興味を持ってもらい、一件でも多くの仕事を取ろうとあれこれ扱うような営業を繰り返すことで、会社にも営業マンにも「何でも屋さん」という看板が定着してしまい、それ相応のお客さんが寄って来てしまうのです。

そして2つめのポイント、

②大切なもの、価値があるもの、投資価値があるようなものは何でも屋さんにはお願いしない

にあったように、本当に大切なものは専門家にお願いしたいと思うものです。あなたの会社に目指していただきたいのは、この、「専門分野」を明確にしていただくことです。そうすることによって、あなたの会社を必要としてくれる顧客に直接アプローチすることが可能になります。値段や納期だけではない、自社独自の強みで戦えるゾーンです。

「何でもできます」は、一見間口を広げて売上を取りやすいように見えますが、実は自社にとって本当に大切なお客様を取りこぼし、他社のザルからこぼれた案件ばかりが舞い込んでくる…という大変な事態を招きかねません。ライバルが多く、価格競争になってしまうゾーンから抜け出すには、どうしても自社の価値を高めてオリジナル性を持たせる必要があるのです。

自社の営業方法を知る

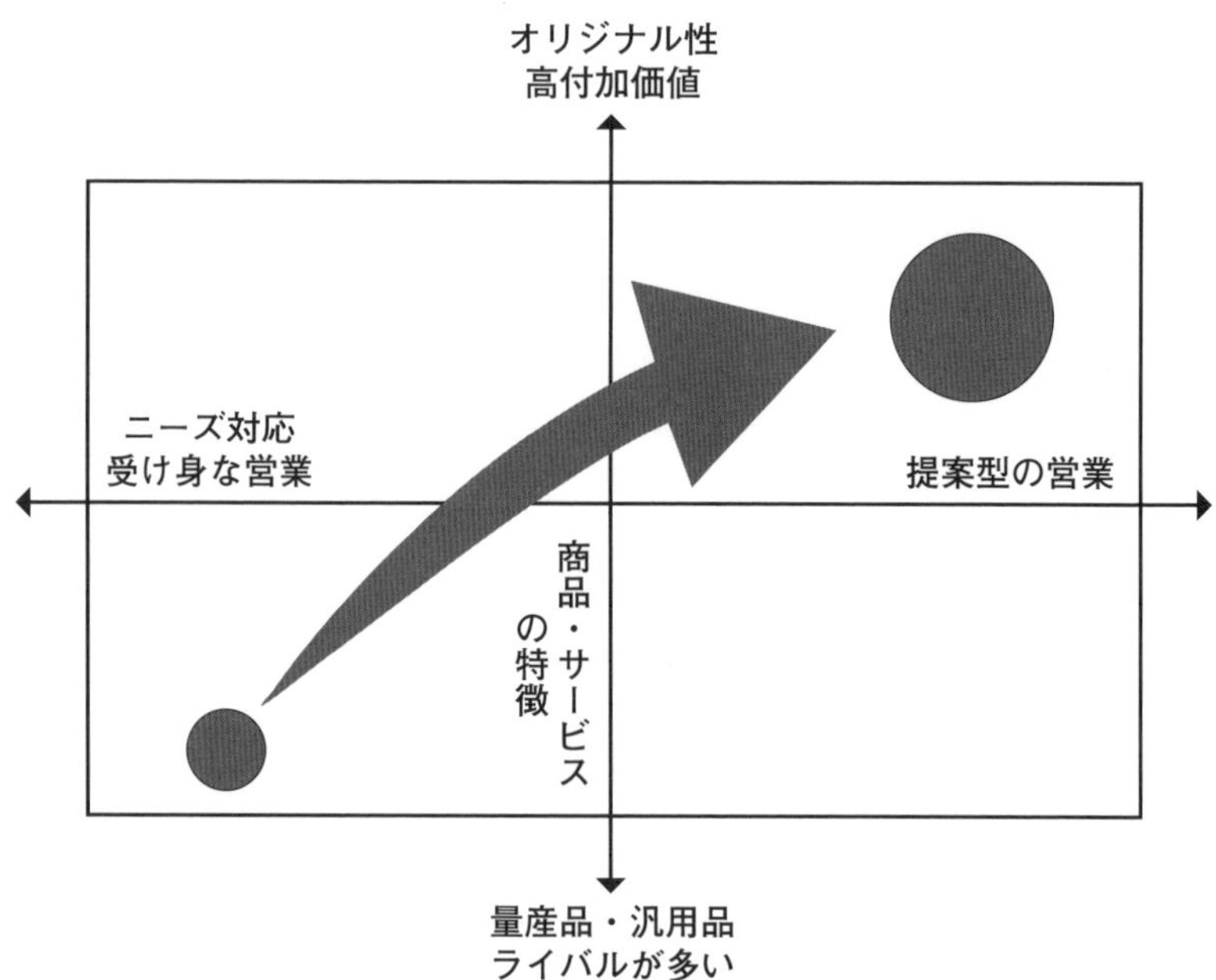

・独自の看板が無いと〝川上からの営業〟が仕掛けられない

「何でも屋さん」にならないためには自社の売りを明確にして提案型の営業にシフトしましょうとご説明しましたが、受け身な営業体制では困るもう一つの理由に、「川上からの営業を仕掛けることができない」ことがあげられます。

川上からの営業とは、まだお客様自身が自社の課題や購入要件が明確でない状態からアプローチができる営業方法のことです。

冒頭ご紹介した寝具メーカーでご説明すると、

・代理店からの「こういう製品なら売れると思う」というニーズに応えて製品をつくって販売する

とか、

・病院やホテルなど、大量に注文がありそうな見込先に提案し、競合と価格勝負になる

といった営業方法は川下の営業です。

顧客のニーズが顕在化し、競合がうようよいる川下では、厳しい戦いが強いられます。

一方、

・眠りに関してこのような悩みがありませんか？こんな風に改善できたら良いと思いませんか？そのためにはこういう方法があるのをご存知ですか？

という提案ができるとしたら、それは川の真ん中あたりの営業と言えるでしょう。

川上からの営業を仕掛ける

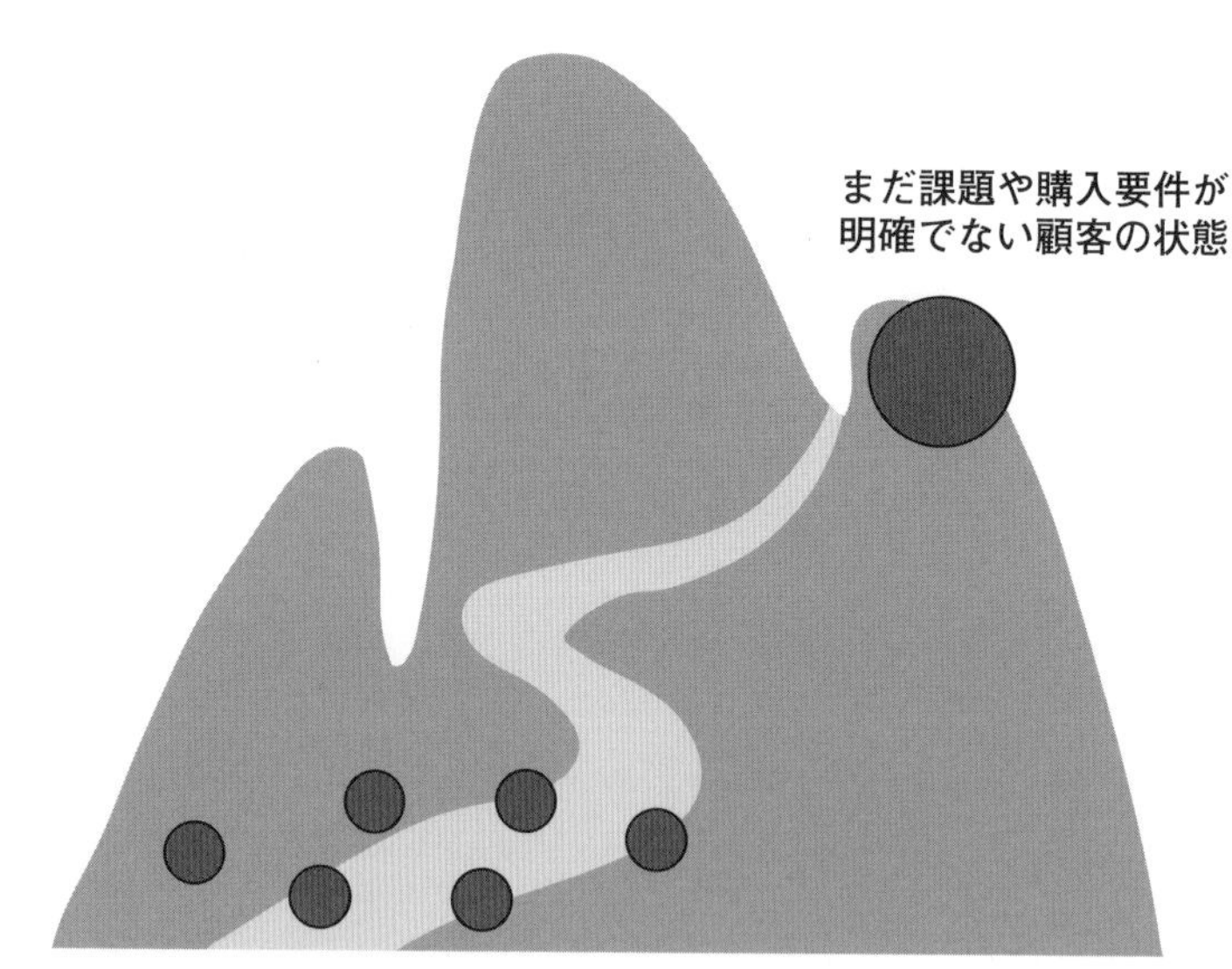

さらに上流の川上からの営業を仕掛けるのであれば、専門家として「理想の睡眠」を提案する、というアプローチに変えたいものです。睡眠に関して特に悩みも無いし、その分、大切さも感じていないという層に向けて、睡眠が体そのものや思考や行動に与える影響について伝えていきながら、「より良い睡眠を取りたい」と思う顧客を育てるやり方です。

これは、法人向けの営業でも考え方は同じで、そのような顧客を育てる売場づくりの提案から仕掛けることが可能になります。「理想の形」を明確にした提案は、前向きな対話を生み、理想的な商談の流れをつくってくれます。少し大変かもしれませんが、芋の子を洗うような川下での営業から抜け出すことが、自社を高付加価値営業に導く一番の近道だと私は考えます。

実際に私も川下で散々苦労した経験がありますので、独自の強みをつくって戦い方を変えることに必死でした。

当時の川下営業はこんな感じです。

日々の営業活動で苦労して集めた契約情報をもとに、そろそろ保険の満期を迎えるであろう会社や、決算前の会社のリストを作成し、そこに足しげく通って提案する…というやり方です。しかし、当然、競合も考えることは同じで、玄関先で他社の営業マンとすれ違う、なんていうことも珍しくありませんでした。

こういう状態になると、完全に主導権は見込先（しかも決定権の無い保険担当者レベル）にあり、

「他社はこういう見積りを出してきましたが、おたくはどうですか？」

といった、〝上から目線〟の対応に耐えなければなりません。仮に、最後の最後まで粘ったとしても、補償内容の優劣や提供できるサービス内容などではなく、「担当者との関係性」など個人的な理由で断られることもありました。これは、理不尽ですが川下ではよくあることです。

どんなにまじめに営業活動を行っても、どんなに優秀な営業マンであっても、このや

り方そのものを変えていかなければ、あなたの会社の懐事情も、大切な営業社員も、疲弊していくばかりです。

自社の売りを明確にして、提案型の営業方法に変えていくことの重要性をご理解いただけましたでしょうか。

川上からの営業を仕掛ける

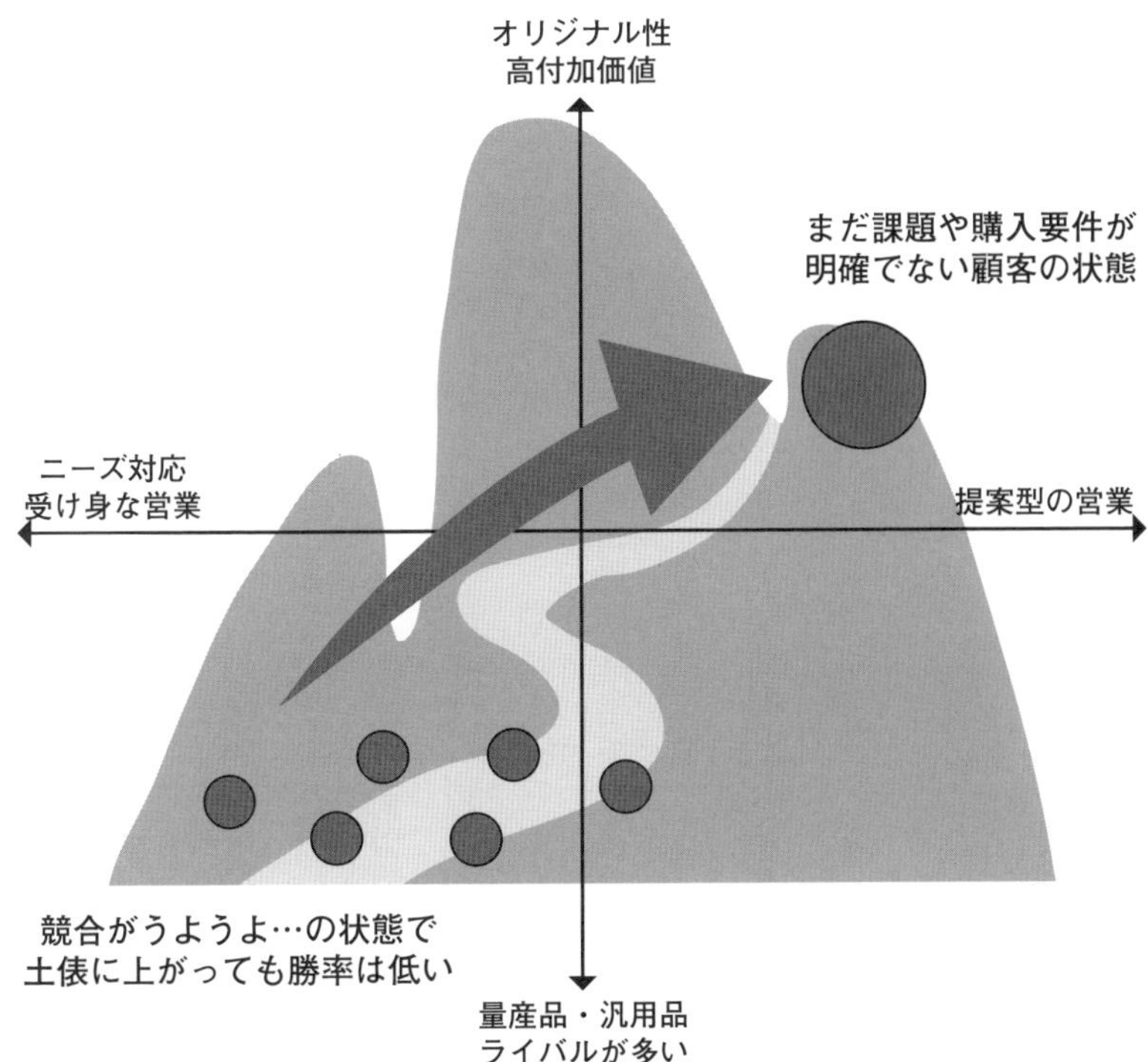

2、なぜ、受け身な営業体制が会社の利益を下げるのか

・営業の入口からの工程設計の重要性

さらに、「営業の入口」を設計し、固めていくためには、社内の営業体制を整えることも重要です。せっかく会社の方向性を打ち出して〝売り〟となるものを生み出したとしても、いざそれを提供しようとした時に体系的な営業活動が行えないと、行き当たりばったりの出たとこ勝負的な営業になってしまいます。特に営業という仕事は、製造や経理などと違って、傍から見えにくい上に個人差がでやすい仕事なので、やっている本人も、指導している上司も、お互いによく分かっていないということが普通に起きてしまうのです。

私も過去に、営業マンのやる気と根性で契約を取って来る…という時代がありましたので、社内の体制やそもそもの戦略が無い辛さはよく分かります。振り返ってみると、当時はこんなこともありました。

ある時、会社の新規営業施策として出した自動車保険の見直しＤＭを見て連絡をくれたお客様がいらっしゃいました。それこそ新人で見込み案件が少なかった私が訪問すること

になり、早速、現在加入している保険証券を頂いて帰ることに…。会社に帰って見積りをつくって次回の面談にこぎつけました。ただ、面談は忙しい社長に代わって奥様が対応してくださっていましたので、当然即答はもらえず、「社長に聞いておきます」と言われて帰り、また別のプランをつくって欲しいと電話があって再度訪問する…みたいなことを繰り返していたと記憶しています。今思えば、随分とのんびりした営業ですが、それでも右も左も分からない私にとって、こんな案件でも藁にもすがる思いでした。

結局、このお客様は最後まで決まることなく流れてしまいました。当時の支店長には、「あんなのはただのドアノックなんだから、早く別の提案に切り替えれば良かったのに…」と言われ、ダブルで落ち込んだのを覚えています。

この失敗を現在の自分なりに分析すると、問題は２つあります。

１つ目は、当時、本当に売りたかった労災とか火災の保険ではなく、皆が感心を持つであろう自動車保険でＤＭを出したこと。いくら反応が多くあったとしても、本来の目的ではないボールを投げかければ違ったボールが返ってきて当然です。

そして2つ目は、直球ではないボールを投げておいてその対応に新人が行ってしまったこと。まともな商談もうまくできない新人に変化球の対応はなかなかハードルが高い…。それこそ力のある営業マンが行くべきですし、そもそも変化球を投げること自体が無謀だったかな、と。

現在、多くの企業では、飛び込みやテレアポなど新規のアプローチは新人や若手など経験の浅い営業マンが担当しています。ベテランの営業マンは大事な顧客を担当していたり案件を多く抱えていたりしてその余裕が無いからなのですが、だからと言って、最後まで新人に任せっきりでは商談を進める力量に欠けます。それぞれの役割分担を明確にし、適材適所で相応しい人間が活躍できる体制と、新人でも最低限の仕事の流れややり方がわかるマニュアル、そして、その一連の流れを通じて社員が育つ仕組みを体系的に整えていく必要があります。

以前、私がご指導した先ではこのような取り組みを行いました。

営業部の新人が取ってきたアポイントに、設計課のベテランが商談に同行し、案件を進めていくという方法です。同行は新人にとって非常に大切なトレーニングの場である上に、営業部だけでは解決できないこともその場で話を進めることを可能にしたおかげで、進捗スピードを大きくアップさせることができました。それまで、新規のネタ探しを新人に丸投げして、目標を達成できない社員が責められ、辞めていく…という負のスパイラルに陥っていたその組織は見違えるように成約を上げる組織に生まれ変わりました。

同時に、案件を持ち帰ってもきちんとフォローしてもらえるという体制は、新人にとって大きな安心感につながり、営業部隊全体が活気づくという効果もありました。営業の流れを整えることで、受注確率を上げ、人が育つ仕組みの構築が可能になるのです。

・マニュアルはあるけど機能しない理由

営業体制を構築する上で、その流れや役割を可視化することはとても大事だとお伝えすると、

「営業マニュアルならあります」

…とおっしゃる会社は少なくありません。しかし、マニュアルがあることと、会社の方向性が浸透している営業部隊をつくることは全く意味が異なります。事実、「日々の仕事は回っているけれど、自分の考えや大切にして欲しいことがなかなか分かってもらえない」「自ら考え行動できるようになって欲しいのだが、言われたことだけやろうとする人間の方が多い…」と悩む経営者や管理者が多く、その難しさに頭を抱えていらっしゃいます。

そのように悩む会社の多くは、〝形〟はあるけどそれが思うような効果を生んでいない、または、そもそもの〝形〟がないところに問題があります。

例えば、

・毎年、事業計画書をつくっている、また、その発表会も実施している
・経営理念があり、朝礼で全社員が唱和している
・マニュアルを作成していて、その活用方法について勉強会も実施している

…など、形はつくってあって、一見、それを浸透させる取り組みがなされているように見える会社でも、形ばかりになってしまっている残念なケースもたくさんありました。

ある会社では、コンサルティングに入る前に、

「一度社内の会議に参加して欲しい。その前に、全体朝礼があるのでそこから参加してもらえないか？」

と社長に頼まれ参加したところ、まさしく朝礼では経営理念と行動指針が唱和され、会議では今期の事業計画に沿った活動の報告と振り返りがなされていました。

しかし、一言一句間違えないように必死に暗記した理念の唱和にはあまり覇気が感じら

れず、会議の中でも、決められた時間内で一部の決まった社員だけが発言するという、どこか形式的な雰囲気が漂っていて、日頃から活発な議論は行われていないのだろうなと感じました。

このような会社に共通する特徴の一つは、「圧倒的なリーダーシップを発揮する社長」であることです。社長の考えに異を唱える者がいない、取り巻きにイエスマンが多く、本当の意味での「右腕」が育っていないことが課題の一つです。

大企業と違い、中小企業では社長がトップセールスマンであることは非常に大事なことですが、ある程度の人数規模になってくると、きちんと役割分担をして権限を委譲していかなければなりません。特に、現状維持に甘んじることなく、今後も更なる成長を望む会社であれば、社長の考えや会社の方向性に共感し、積極的に経営に参加してくれる幹部を育てていくことは社長の大事な仕事です。

この時に、ストーリーブックが重要な役割を果たしてくれることは言うまでもありませんが、それを活用した営業体制をつくっていくためには段階を踏んでいかなければなりません。このステップをすっ飛ばしてストーリーブックだけを持たせても、朝礼で理念を唱

ストーリーブック営業導入のステップ

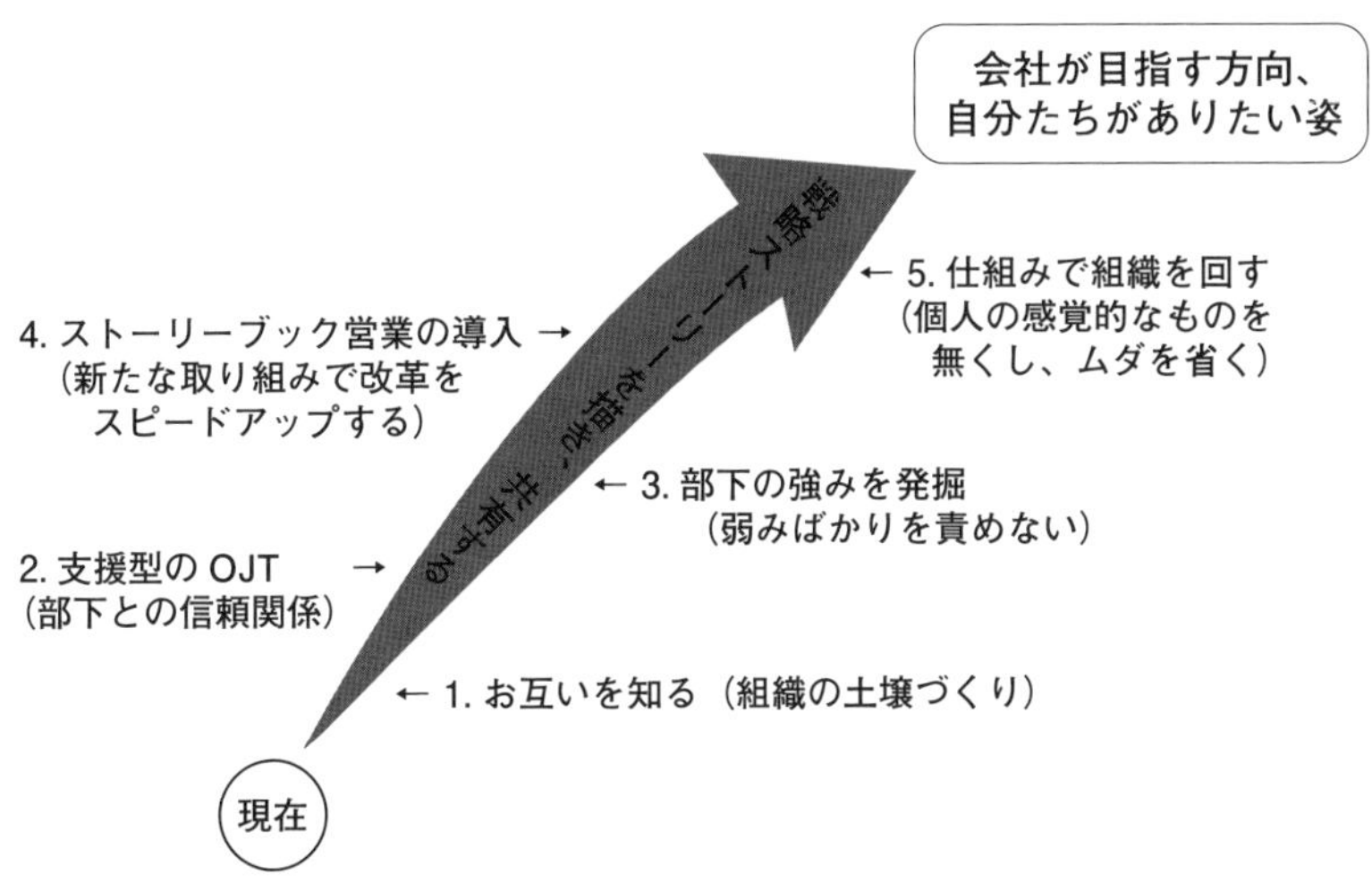

和する「儀式」と同じになってしまうからです。

ストーリーブック営業を導入し、本格的に稼働させるためには5つのステップがあります。中でも一番重要なところは第一ステップの「お互いを知る」です。ストーリーを浸透させるための社内の土壌づくりで、ここをしっかりと耕すことがその後のステップの進行スピードを加速させることにつながります。

ある会社では、このような取り組みを行いました。

その社長は、アイディアも行動力も全てがモーレツ過ぎて、社員からは手が届かないような存在でしたが、そのせいで社長にモノ申す人間がほとんどいない、「社長だからできるんだ」という空気が漂っているのが社長の密かな悩みでした。そんな社長にも、実はとても苦労した時期があったし、失敗もたくさんした、今では社員数百人規模になったけれど、会社を立ち上げたころは社員数名で、来月支払う家賃や給料を稼ぐので必死だった…そんな時期があったんだよ、といったことを社員さんにお話なさってはいかがですか?と提案したのです。

そしてお昼休みに食堂で社員の皆さんに話したところ、これがとても好評でした。その後、社長だけでなく、役員や幹部たちも自分や会社を振り返って話をする機会を定期的に持ち、幹部と社員の心の距離がグッと近づいたのです。

この時に大切なことは、これをやることの意味と、向かうべき方向、すなわち「何のためにやるのか?という戦略が真ん中にある」ことです。それを無しにやってしまっては、ただの思い出話に終わってしまうからです。

また、別の会社ではこのようなことがありました。創業から72年、社員数280名の仏壇仏具を製造販売する会社での出来事です。

新社長に交代して３年。海外製の安い仏壇におされて苦戦する競合を尻目に、新たな事業にもどんどん挑戦して確実に成長している会社でしたが、その社長には一つ大きな悩みがありました。それは、急激に大きくなった社内の「横の連携が取れていない」ということでした。

この会社の事業の柱は仏壇仏具の製造販売でしたが、他にも介護事業、身元保証事業、葬祭事業などを手掛けており、「グループ全体のシナジー創出で、高品質なシニアビジネスのプラットフォーマーを目指す！」というのが社長の頭の中に描いている構想です。

ただ、そのビジョンが一向に社内に浸透せず、グループ間の情報共有もほとんどできていないとのことでした。

仏壇仏具事業の主な顧客層は、高齢者を家族に持つ人です。中には、急に必要になって慌てて購入に来る方も少なくありません。また、一口に仏壇仏具と言っても、その種類（材質や大きさ・金額など）が豊富で何を基準に選べば良いのかわからないという方がほとんど。いざという時に慌てることの無いよう、一部の店舗では定期的な相談会を行っていました。

同じように、介護事業の主な顧客層も高齢者を家族に持つ人たち。こちらも、急に入所が必要になって慌てる家族が相談に来るケースも少なくないそうで、そうならないために、やはり定期的な相談会やイベントを行っていたそうです。

それぞれの事業の顧客層や抱える課題は重なる部分が多く、各々が単独で行なっている相談会やイベントなども一緒に企画・実行していくことが望ましいとはわかっていても、なかなかそれができていない状態でした。そこがうまく回っていないことで、顧客にも十分なメリットが出せていないし、明らかに自社も収益化のチャンスを逃してしまっているのですが、別々の事業として成長してきた会社には往々にして起きてしまう問題です。

このようなケースでは、今まで通りのやり方・考え方でバラバラに営業戦略を立てていては一向にシナジーを生むことはできないので、会社全体で戦略を練り直す必要があります。この会社の場合、まずは側近の役員や幹部と一緒にストーリーブックを作成しながらビジョンを共有し、グループ全体の未来構想に向けた戦略づくりをスタートしました。ここでもやはりポイントは組織の土壌づくりです。

しっかりと耕された組織と、戦略ストーリーが描かれた営業体制は、値引きをしない入口設計の根幹を支えることになるのです。

3、自社にとって本当に大切な優良顧客を明確にする

・2：8の法則を疑ってみる

自社の顧客について知りたいと考えた時、よく用いられるのが「2：8の法則」です。パレートの法則と言われるものです。パレートの法則とは、イタリアの経済学者ヴィルフレド・パレートが発見した統計に関する法則で、経済において全体の数値の大部分は全体を構成するうちの一部の要素が生み出しているという理論なのだそうです。

例えば…
・20％の顧客が自社商品の全体売上の80％を占めている
・20％の営業マンが全体の売上の80％の成果を出している
・仕事の成果の8割は、仕事に費やした時間全体の2割の時間で出している
・あるＩＴサービスの利用者の8割は、全体の2割の機能しか使っていない

といった感じで使いますが、このパレートの法則を活用することで、様々なものごとの分布を予測できます。

自分の仕事や生活を振り返ってみても当てはまるところは多く、成果につながった仕事は全体の2割の時間で生み出していると思うし（あとの8割は余分なことをしてしまっているような気がします…）、スマホやアプリの機能にいたっては正直2割も使えていない気がします。そう思うと、効率的な仕事や生活をしているようで、まだまだ見直しの余地は十分にありそうです。

これらの予測は、営業の施策を立てる時に非常に役立ちます。限られた時間や人・コストを有効に使うことができるからです。例えば、売上の8割をしめると思われる上位2割の顧客と、下位8割に分けて考え、取引額が多い上位2割の顧客には、社内のマンパワーを集中させて、経験豊富な社員が担当したり、直接訪問してフォローや提案をしたり、また、丁寧なサポートを提供するなどします。限られた社内の資源を上位2割の顧客に集中することで、その大事な顧客との取引を継続させることが目的です。一方の8割の顧客には、電話やメールなどを活用して、コミュニケーションにかかるコストを効率化する、といった具合です。

実際に、上位2割とその下を何段階かに分け、提供するサービスを区別して、上位顧客にはより良いおもてなしをしている会社も多くあります。全てのお客様に対して同じサービスを徹底しようとすると、対応する社員の負担も大きくなりますし、上位顧客にとっても「特別扱い」をしてもらえるのは決して悪い気はしないはずです。

以前、このような会社がありました。

そこは住宅のリフォーム工事をする会社で、年に2回、顧客を招待して展示会をしていました。創業から60年、地元密着のおもてなしを大切にする会社で、案内状を出す顧客リストは数千件にのぼりました。社員の人柄が愛されていることもあり、毎回多くのお客様が家族連れでお越しくださるのですが、対応する側の人数が圧倒的に少なく、お相手をすることなく帰ってしまわれるお客様が多くいらっしゃるのが課題でした。そこで、ある年から招待状の色を分けてみることにしました。上位の優良顧客にはピンク色、それ以外の顧客は白色、業者関係には緑色、といった具合です。そうすることによって、一目で区別がつくため、社員が優先的に優良顧客の対応ができるというわけです。

しかし、ここでもう一つ大きな問題が…。

この顧客リストは過去数年間の契約金額で色分けされていたため、毎回同じ顔触れがピンク色の紙を持参することになります。手厚くもてなしたとしても、そうそう頻繁に高額な受注がもらえるものではありませんので、「顧客満足は上がるけど売上に貢献しない」ということが起きてしまうのです。

そう、ここで気をつけなければならないのが、上位２割の顧客を無条件で自社にとっての「優良顧客」と定義づけて良いのかどうか？ということです。確かに取引額が大きい相手は大切にしたいところなのですが、取引の内容や今後の関係性などもきちんと見ていく必要があります。

例えば、顧客と自社との関係性＝密着度。自社の商品やサービスをどれくらい使ってくれていて、今後の伸びしろがどれくらい期待できるのか？について。

以前、私が担当していた保険の優良顧客は、１社だけで年間数百万円〜１、０００万円超の保険料をもらうほど多くの契約をしてくださっていましたので、私自身がこまめに丁寧なフォローを続けていました。しかし、些細な手続きやちょっとした問合せにも全て直接出向くことで、かなり時間を取られてしまっていたのも事実です。同時に、もうこれ以上の契約がもらえないほどたくさん頂いていたので、その会社からの契約は頭打ちになっていたのです。これ以上、売上は増えないけれど、落ちてしまっては困る…非常に悩ましいところですよね。この場合、簡単な問合せレベルの時は後輩に任せるとか、郵送やメールで対応する等、社内のルールを決めておく必要があります。営業マン任せにしてしまっては、担当者ごとに判断の基準があいまいになり、人によってまちまちな対応をしてしまう…ということが起きてしまうからです。

この図は、顧客と自社の関係性と営業戦略について表しています。タテ軸は顧客と自社の密着度（自社の占有率）を表し、ここが高ければ高いほど顧客内シェアが高く、関係性も良好なのですが、その分、細々とした処理に手を取られることが多く、今後の売上の伸びもあまり期待できません。ヨコ軸は顧客の伸びしろ（購買力・見込度合い）を表していて、まだ自社との接点が少ない（もしくはゼロ）の9番の顧客に向けて、1番に割いている「人」と「時間」を向けるための方法を考える必要があります。これを戦略的にやるかやらないかで、結果が大きく変わってくるのです。先ほどの顧客は正に1番。自社との関係性=密着度は非常に高いが、これ以上の契約（伸びしろ）が期待できない状態でした。

理想的な顧客は、関係性も良好で伸びしろのある３番ですが、当然このような顧客ばかりではありませんし、もちろん最初からここには行けません。力量のある営業マンがまずは９番の窓口を開き、お互いに良好な関係性を築きながら徐々に６番、３番へと高めていくことが大事です。

この時に、自社が持つ強みや提供できる価値、それを高めていこうとする覚悟や使命感といった独自のストーリーが活きてくるのです。

顧客と自社の関係性と営業戦略

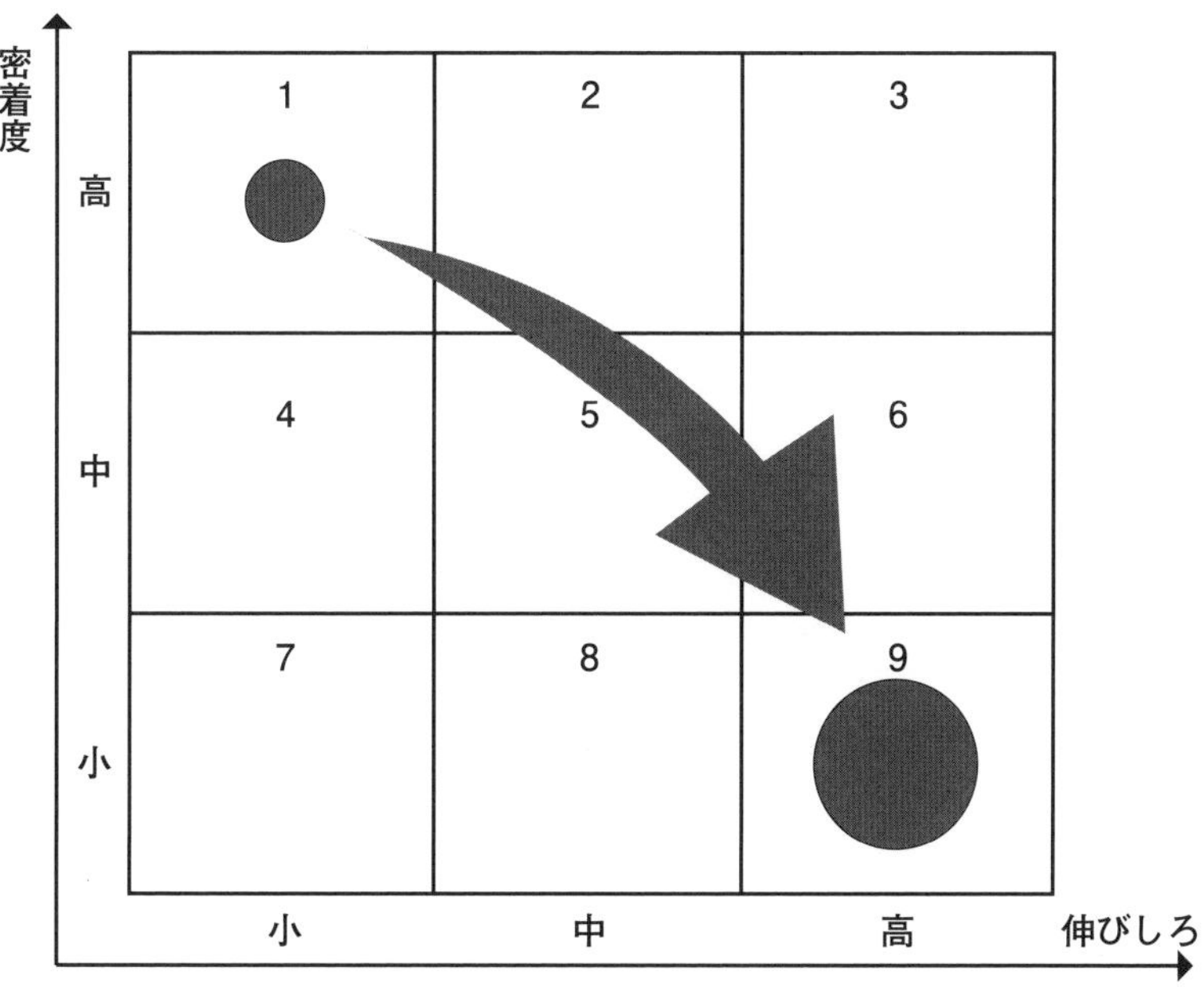

・大口顧客への依存がもたらすもの

冒頭ご紹介した下請の製造会社さんや運送会社さんのように、限られた大口取引先が売上の大半を占めている会社の場合、その顧客への対応が優先されるということが社内の暗黙のルールになっていることが多く、それを誰も疑わない…ということも決して珍しくありません。その結果、知らず知らずのうちに余計な経費を掛けたり、余分な動きや「これくらいなら」とサービスしたりして、気がつけば大きく利益を下げてしまっていることもあります。

この、知らず知らずのうちに…というのがミソで、一時的に忙しいとか、期間限定で無理をするとか、今回は特別この価格でやる…などの前提条件の中で経費や工数が膨らむのはある程度は仕方ないとして、毎年の売上の大半が「この仕事です」となると、それはもう自社にとっての当たり前な日常になってしまうわけで、大口の相手先から、納期や単価以外にも、品質のレベルや支払い期日、工場内の整理整頓や作業手順にまで口を挟まれてしまう…なんていう事態も招きかねませんし、事実、それに近い会社を何社も見てきました。自分の会社なのに、自分の会社ではないような、うちの社員はいったいどこを向いて誰のために働いているのかわからない…そんな風にこぼす社長もいらっしゃいました。

限られた顧客への依存度が高くなると困る理由としていくつか考えられますが、その中から大切なもの3つについて見ていきましょう。

第一に、その顧客（仕事）を失った際のダメージが大きくなることです。親会社が発注先を海外に移転したり、反対に内製化したりといった理由で、大口の売上が急減したり、ゼロになったりするかもしれません。取引先の方針転換はよくあることで、実際に、年間売上の多くを占めていた仕事が海外に流れ、売上が半分に減ってしまうことが確定したAという会社があり、そこの営業支援をさせていただいたことがあります。A社は日頃から新規開拓をする営業習慣が無かったため、そのやり方・方向付け・幹部の育成から始めなければならず、本人達にとっては非常に大変だったと思いますが、私たちの取り組みが功を奏して、その年の売上はむしろ前年を超えるものになり、皆で喜んだのを覚えています。

そして第二には、価格競争力の問題です。取引先に対する依存度が高いということは相手にもわかっていますから、価格交渉の場面ではおのずと強気な態度で来ます。売上が多い割には利益にならない…という仕事も出てきます。下請企業が単価を定期的に下げられるというのはよくいわれることですが、先ほどのA社も例外に漏れず…でした。受けないわけにはいかないが、やっても利益が少ない（ほとんど出ない）という仕事も少なくなく、これを長く続けていると次第に現場が疲弊し、やる気が失われていくのです。

そして第三に、新しい取引先を確保しようという意識の低下です。その取引が継続している限り、特に売上に責任を持たされている担当者にとっては、大口取引先に集中する方が楽に仕事ができます。品質や価格面でより条件の良い取引先候補があっても、既存の取引先を優先してしまい、新たな取引の可能性を失ってしまう懸念があります。先ほどのA社でもこのように考える担当者は多く、色々と言い訳をつくって新規の取引先を増やそうとしない傾向が見られました。担当者レベルにこの判断を任せるのは非常に問題ありです。

このように、大口顧客への売上依存度が高くなればなるほど、社内の仕組みや社員のマインドがコントロールできなくなってしまうのです。

売上の大半を支えてくれている相手だからこそ、適正なサービスや対応を心がけて長く良い関係を続けたいものです。そのためにも、まずは自社の顧客との関係性をしっかりと理解し、分析して、自社にとって望ましい取引の形を描いていく必要があります。

決してどちらかが上とか下とかではない関係。

顧客と自社との理想的な関係性を考える時、「お互いの成長発展に貢献できる関係性」は非常に重要です。ただ、商品を売ったり買ったりする関係だけでなく、お互いの未来に貢献し合えるような関係性、相手の成長を心から喜べるような関係性を持つことができたら最高に素敵だと思いませんか？

ぜひ今一度社内と顧客をじっくりと見つめてみてください。

第4章

自社の
潜在能力の発掘と
技術の
価値100倍化戦略

1、顧客ニーズだけに呼応しない独自の営業方法

・顧客は本当に自分に必要なことがわかっていない

値引きができない仕組みをつくるための入口戦略に続き、次は自社が持つ能力や技術の価値を最大化するための営業設計についてご説明いたします。ここでは、大きく2つのポイントに分けてお伝えいたします。1つは「自社独自の営業方法の確立」、そしてもう1つは「プロセスバリュー（過程や工程に価値を持たせる）技について」です。

まず初めに「自社独自の営業方法の確立」について。顧客のニーズに耳を傾けるのではなく、自社が立てた仮説に基づいてこちら側から仕掛ける営業方法です。

営業が苦手だとか、社内の営業方法がしっかりと体系化できていないなど、現在の営業体制に課題感を持つ社長は、「実際に何をどうすれば良いのか？」と疑問に思われるかもしれません。特に、これまで“待ち”の営業体制で、向こうから「こんなのお願いできますか？」と聞いてくれる〝ニーズありき〟の商談に慣れっこになっていると、こちらから提案していくスタイルに抵抗があったり、そもそも、自社が独自に考えた提案に顧客が

興味を持ってくれるのだろうか…と疑問に思ったりする社長も多いかもしれません。

実際、私もその他大勢と同じような営業をしていた頃はそう思っていました。「顧客ニーズを無視した提案はただの押し売りだ」「営業マンの役割とは、顧客のニーズに沿った商品の提案をすることだ」と教育されていましたし、そのためのヒアリングスキルの向上には随分と力を入れていました。

しかしある時、「顧客は自分が何が欲しいのかわかっていない」と、ある勉強会で教えてもらい、目からウロコでした。その時の講師の先生は、「顧客は自分が欲しいものがわかっていない」ということをこんな風に例えていました。

仮に、あなたがドラえもんだったとします。

・・・・・・・・・・・・・・・・・・・・・・・・・・・・・・・・・

ある日、のび太くんからこんな風に言われました。

「ドラエもん、虫歯になったから腕のいい歯医者さんを探して」と。

さて、あなたはどうしますか？
のび太くんが言う通りに腕のいい歯医者を探すでしょうか？
いいえ、そうはしないでしょう。
きっとあなたはポケットから「虫歯が治るガム」を出すのではありませんか？
そう、のび太くんは歯医者に行きたいわけではなく、虫歯を解決してほしいのです。

・・・・・・・・・・・・・・・・・・・・・・・・・・

つまり、「虫歯が治るガム」を知らない人にどれだけ丁寧にヒアリングをしても、相手がそれを注文してくることは無い、ということです。とてもわかりやすい例え話でしたので、私もたまにセミナーなどで使わせてもらっていますが、正にその通り。その存在を知らない人の口からそれが出てくることはないということです。

当時、他社との比較で負けてばかりだった火災保険の新規開拓の時、価格以外に顧客ニーズを満たせる方法は無いか?と考え、お客様にこんな質問を投げかけたことがあります。

「火災保険に関して、何かお困りごとやご要望などはありますか?」と。

しかし、正直、火災保険にはあまり関心を持っていないという人が多く、「そうだな〜、もう少し安くなると有難いかな」と返ってくるのが関の山でした。そこで、こんな提案を考えてみました。

「貴社の工場や機械など大切な資産が、今どれくらいあるのか…可視化しませんか?簿価ではなく実際の金額と、仮に新しいものを購入する時の金額がわかるような評価ブックをおつくりしますよ。その上で、御社にピッタリな火災保険を検討なさいませんか?」

と。

これは実際に私がやって非常に大きな成果を生んだ火災保険の営業方法です。

大きな工場がいくつもあったり、古くからの工場を増改築したり、自社の機械やリースの機械が混在したりしていて、正直、今の火災保険がどこまでいくら補償されているのかわからない…と感じている担当者がほとんどでした。特に、保険の担当は異動や退職などでコロコロかわることが多く、高い保険料を支払っている割には納得感を感じていない会社が多いなと感じていたので、自社の資産を可視化して評価したブックを作成し、その上で適正な火災保険の提案をするという手法です。

顧客にとっては、「言われてみればそんなのあったら良いかも」というサービスですが、絶対に顧客の口から出てくるニーズではありません。普段から、「自社の工場や機械の時価や新価（同じ構造や質・型などのものを再取得する時の額）を知りたい」と思っている人などほとんどいないでしょうし、そもそもそれを可視化するサービスがこの世の中にあることすら知らない人がほとんどなのですから。まさに、「虫歯が治るガム」です。

既存の商品やサービスの改良には顧客の声に耳を傾ける必要がありますが、自社独自のウリを商品化し、提供していくためには、顧客のニーズに応えるという受け身な発想ではうまくいきません。その分野の専門家として何が提供できるのか？必死に考えることが必要です。

ちなみに、先ほどのように火災保険の提案をして契約に至ったお客様のほとんどが、これまでの保険料を大きく上回っても契約してくださいましたし、その後も毎年継続してくださいました。提案型営業の大きなメリットは、「ただ商品を購入した」のではなく、「それに付随する安心感も含めて購入した」と納得してもらえるところです。この場合の安心感とは、「何にいくらの補償がついているのかが素人にもわかりやすい」ことや、「仮に担当者が変更になった場合も引き継ぎがスムーズである」こと、「保険料を削減したいと考えた時に、どこにメスを入れたら良いのかが一目でわかる」といったことなど全てを含めたものです。自社独自のサービスを通じて保険という商品が本来持つメリットを最大限お客様に提供し、結果、お客様の満足度向上につながったのです。

そして、このような提案型営業ができるようになると、当然、売上への貢献度も高くなります。これまで通り、競合と同じようなものを同じような価格や手法で売っていては比較されるだけですが、自社にしかない価値あるものを提供し、その意味をきちんと伝えることができれば、納得して契約し、適正な対価を得ることができるのです。

人は、常にどこかで何かと比較したがる習慣を持っています。「この保険は他社よりも良い内容なのか？」「他にもっと安くて良い保険があるのではないか？」「もっと優れた保険担当者がいるのではないか？」…と。その時に、納得できる材料を多く提案できているほど、他社との無用な価格争いに巻き込まれずに済みます。あなたの会社の「虫歯が治るガム」は、顧客に提案できていますか？

・経営者が考えるべき「価値の説明責任」

長年、同じ事業を続けていて、そこそこ売上も安定していたりすると、毎日やっていることがある意味当たり前になってしまい、改めて自分の会社のことを振り返る機会はないかもしれませんが、社長が考えなければならないことは、自社が提供できる価値を高めたり、それがきちんと伝わるように工夫をしたりして、自社の営業ステージを上げることです。そのために社長は、常に「自社について」伝えることができていなければなりません。いわゆる「価値の説明責任」です。同じものでも、売り方、伝え方が代わると値段が何倍も変わってくるからです。

独自の営業方法を確立するうえで、この「価値の伝え方」は非常に大切になってきますので、コーヒーを例にとってご説明します。

一口にコーヒーと言ってもその種類は様々で、もちろん金額も違います。コーヒー一杯の金額は、種類というよりはむしろ提供（販売）される場所でも大きく違ってきます。例えば、喫茶店で飲むコーヒーは一杯３００円～５００円くらいなのに対し、高級ホテルに行くと一杯1、０００円以上します。

なぜ、高級ホテルのコーヒーは高いのでしょうか?その理由について考えてみたことはありますか?

高級ホテルのコーヒーは、その値段が少々高くても、それを求める人と提供する側(需要と供給)のバランスが成立しているのです。ホテルの近くには人気のコーヒーチェーンや昔ながらの喫茶店がたくさんあり、1杯300円でも同等のコーヒーの味が楽しめるにもかかわらず、高級ホテルでは、1杯1、000円以上のコーヒーが売れていますね。

正直、原価は変わらないでしょうし、むしろコーヒー豆にはコーヒーチェーンのほうがこだわっているような気がします。純粋に美味しいコーヒーを飲みたければ、専門店の方がじっくり楽しむことができます。

それでは、人々は何を楽しむために1杯1、000円以上のコーヒーを飲むのでしょうか?

これは私が思うところですが、その特別な空間があることで、

・静かに心を落ち着けて、優雅な雰囲気を楽しむことができる
・ゆったりとした時間の中で会話を楽しむことができる
・普段よりワンランク上の話題を楽しむことができる

といったことを実現できるからではないでしょうか。

決して、コーヒー豆の原価や家賃が高いからだよな～と思って使っている人はいないでしょう。香りとか渋みといった単純な美味しさという基準以外に、そこで得られる貴重な体験や経験こそが〝価値〟だと感じ、それが1，000円という値段以上のものを感じさせているからに他なりません。

この高級ホテルのコーヒーから私たちが学ぶべきことは、「原価」＋「人件費など（掛かる経費）」で値段を算出する足し算思考ではなく、「値段」から「自社が提供できる付加価値」を炙り出す逆算思考を持つべきであることです。今の商品・サービスをいかに高付加価値商品に生まれ変わらせるか？を考えていく大きなヒントになります。

一方で、同じコーヒーにも、普段、手軽に飲める自動販売機の缶コーヒーや、更にお得な安売りスーパーの缶コーヒーもあります。自動販売機であれば１００円～１２０円くらい、安売りスーパーであれば60円～80円、中には50円しないものも売っています。それぞれ、もちろん味の違いはあるでしょうけれど、絶対的に違うのが「購入する顧客の層」です。高級ホテルでコーヒーを飲む層は、決して安売りスーパーの缶コーヒーは買わないでしょう。私たちが考えなければならないのは、この「顧客の層の違い」を理解することです。自社の営業ステージを上げるということは、顧客の層を変える（上げる）ことだからです。

そのステージを上げるためのポイントは、

●自社の商品（サービス）を単体で販売するだけにとどまらず、それに付加価値をつけて高単価な商品を生み出すという発想を持つ。その商品（サービス）を発案・製造する過程や、アフターフォローの中に眠っている独自のノウハウに価値がある！

●その商品（サービス）の付加価値についてきちんと説明する必要性を自覚する。実はここが一番大事なのですが意外に難しくて大変…多くの社長は「わかってもらえるだろう」

と軽く考えてしまっている。思っている以上に他人には伝わらないし、現に伝わっていないことに気づく！

●顧客が求めているものを理解し、それに相応しい提案をする力をつける。今までの商品単体売りから、その前後を含めたトータルの提案ができる営業力をつけることが重要。商品の単品売りや値段の安さで売ることほど楽なことはない！

です。

付加価値の高い商品を売ろうと思うほど、顧客が求める価値のレベルは高くなります。

「コーヒー」という商品を一つとっても、このように売り方や売る場所（相手）が変わると価格（利益）が大きく変わってきます。社長にはぜひここを押さえてほしいのです。

経営者が考えるべき「自社の価値の説明責任」

・ 自社が提供している付加価値とは…？

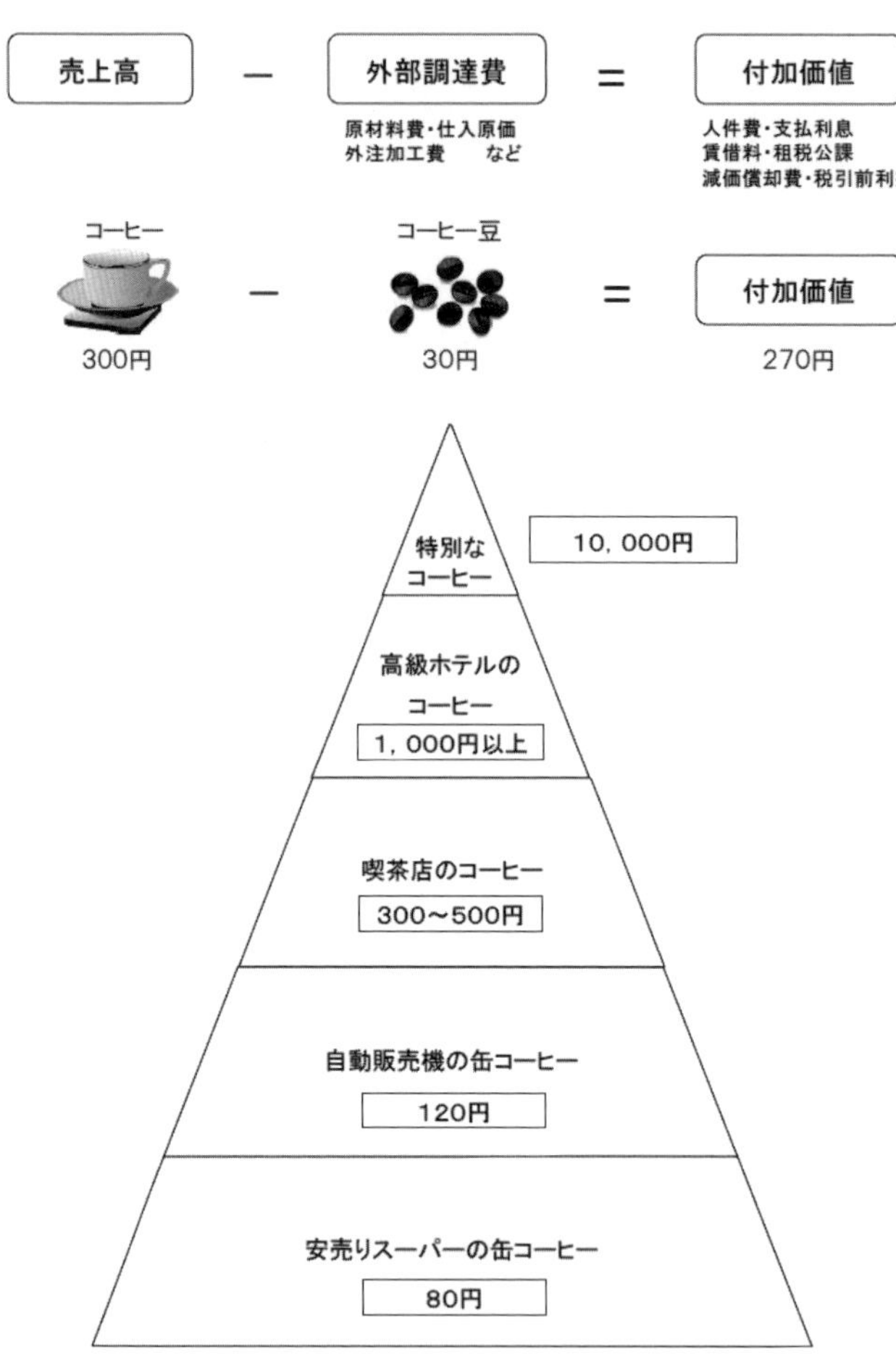

・相手の価値観・判断基準に委ねてはいないか？

「何でも屋さん」になってはいけない、と前章でご説明いたしましたが、実際に「何でもやります」とうたっている弁護士さんや保険屋さんは少なくありません。そうすることで新規顧客獲得の窓口を広くして、その中から良い顧客を探そう…というやり方も全く効果が無いわけではありません。

しかし一方で、自社の強みを活かした専門分野に特化したサービスの提供をしている会社もあります。

ここで厄介なのが、お客様から見ると「何でもやります」の弁護士も「労災訴訟案件が得意」な弁護士も同じ「弁護士」に見えてしまうことです。もちろん、ホームページや名刺に「○○専門の」と大きく表示しているところもありますが、中にはそうでないところも多数あります。保険屋さんも同じく、本来は法人向けの労災保険が得意であるにも関わらず、法人に関する保険商品をずらりと並べて、おまけに「社長の個人保険もお任せください」なんて書いてしまって、結局、「色々やっているところ」という印象を持たれてしまう、もったいないホームページもよく見かけます。

これは、弁護士や保険だけに限りません。

こだわりのものづくりをしている会社や、独自の技術を持っている会社であるにも関わらず、「製造業です」「運送業です」と業種で自社を紹介してしまっている会社や、

「金型をつくっています」
「ネジをつくる会社です」
「寝具を製造販売しております」

といった具合に自社の紹介をしてしまっている人をたくさん知っています。この言葉を聞いて、あなたはどのような人（会社）を思い浮かべたでしょうか?自分の知っている、身近にある「金型屋さん」「布団屋さん」を思い浮かべはしませんでしたか?相手は、自分がイメージできるもので判断してしまうのです。

これでは、せっかく自社独自の強みを活かして、高付加価値な商品・サービスの提案をしようとしているにも関わらず、

「あぁ、〇〇屋さんね」

となり、相手の価値観や判断基準であなたの会社への期待度が決まってしまうのです。

実際の事例でご紹介します。

私は仕事柄、様々な会社の経営会議に参加したり、時には社長営業に同行したりすることもありますが、あるエステを経営する女性社長が考案した化粧水のＰＲに同席した時のことです。

「女性が本来持つ美しさを引き出すためのエステを10店舗営んでおります。」
「この度、〇〇の水を使った“美肌化粧水”を販売することになりました。」
「この化粧水の成分は…」

といった流れで自己紹介・自社紹介が進み、商品説明に入ったのですが、「ほぼ商品説明」に終始し、しかも商品を売りたいがための説明…という印象を受けました。

正直、エステは全国にごまんとあるし、どこの店舗も同じようなキャッチコピーで同じようなサービスを提供している、その女性社長も決して有名人でもなんでもないとなれば、他と同じような説明をしても誰も耳を貸してくれないし、「エステの社長が考案した化粧水」というその他大勢のくくりに入れられてしまうだけです。

他と区別がつかない一般的な説明をしても誰も興味なんて持ってくれやしないし、心を動かされることが無ければ、その後、ぜひ使ってみたい！どうやったら購入できるのか？という行動の変化をもたらすことも無い、成分の違いを聞きたくなる前の「自己紹介」と「自社紹介」が凄く大事なんだ、ここが命なんだよ…もしかすると、これを読まれたあなたも同じ感想を持たれたのではないでしょうか？

他人の言動は客観的にみることができ、冷静に判断できるのですが、自分のことになると誰しも同じ過ちを犯してしまうものなんですよね。

確かに、良いモノをつくり、それをアピールすることは大事ですが、一方で、新規顧客の立場にしてみれば、貴社が何者であるかは取引を開始するための重要な判断材料となるのです。優れた技術や商品の魅力が広く世の中に知れ渡っている大手企業・有名商品とは違い、その魅力を伝える説明責任はあなたにあるのです。地方の小さな製造会社にも、次々と新たな市場を開拓して業績を伸ばす会社は多くありますが、それらの会社に共通することは、「伝え上手である」ことです。

これは製造業だけではありません。建設業・サービス業・金融業など様々な業種で起きていることです。自社の紹介を業種で行っている会社の何と多いことか。それはデメリットでしかありません。

先ほどの女性社長、実は、ご両親の病気をきっかけに健康に興味を持ち、熱心に勉強して来られたそうで、中でも私たちの健康と「水」がとても深く関わっていることを知り、ありとあらゆる水を試して来られたそうです。飲料用はもちろん、シャワーや洗顔時など飲料水以外の水にもこだわっていて、ついには大学教授と共同研究を始めてしまったというこだわりぶり。そんな彼女が「これは素晴らしい！」と思える水を使った化粧水なので、「とにかくお肌がめちゃめちゃ喜ぶんですよ～」…と。彼女には、その経緯と熱量がうまく伝わるストーリーづくりが必要だったのでした。

そしてもう一つ、前章でもお伝えした木造の戸建て住宅を専門とする建設業の会社の事例です。その会社は、業界では珍しいＩＴ技術を駆使した業務の効率化を計っています。加えて、外部機関を使った仕事の結果の可視化に力を入れ、社内には一級建築士やファイナンシャルプランナー等の有資格者を複数名配置。このように徹底して安心住宅の建築をすることで、顧客から絶大な信頼を得ていました。

ところが、人材採用の場面で「建設業」と名乗って会社説明に入ってしまうことで、キツイ・キケン・キタナイの３Ｋ仕事だというイメージを持たれてしまうという勿体ない状況でした。

更に、この会社がやってしまっていた“もったいない”説明は、

「社員にはタブレット端末貸し出します」
「資格取得のための支援制度あります」

と条件面のアピールをしていた…ところにも表れています。採用の場面なので営業シー

ンとは若干異なりますが、日頃の、「モノや情報、条件を説明して売る」という販売のクセはこのような場面でも表れてしまいます。確かに条件提示も大事ですが、自分達の会社が何を大切にしている会社なのか？を端的に伝えることが重要です。

お客様が長く安心して暮らせる住宅を建てて販売するということは、技術を向上させる教育制度や社内・関連会社間のスピーディーな情報共有、引き渡し後の継続的なメンテナンスなど、トータルな販売体制が求められます。これが継続して提供できている会社であるのならば、ここをしっかりと伝えることが重要で、この共感を得られる「言葉」こそが自社の価値を瞬時に伝える重要な武器となります。

受け身な営業や、モノを売るだけの営業が染みついた感覚は、あなたの会社の価値を発揮させる足かせになります。しっかりと伝わる強気な営業体制を構築することがポイントです。この伝え方を間違うと、貴社の商品・サービスの値段は10分の1、いや、１００分の１以下に見られてしまう可能性が大きくなってしまうのです。

2.モノを売る企業から高付加価値を売る企業へ

・「価値観」という見えないものの正体を知る

さて次に、「プロセスバリュー（過程や工程に価値を持たせる）技」についてご説明しますが、そのための準備として、「伝える相手（顧客・社員・市場など）のニーズや価値観の大変革」について心底理解しておくことが必要です。時代の流れと共に顧客が求めるものは大きく変わってきています。相手の〝どこに〟、〝何が〟刺さるのかを理解できていないと、自社の〝何に〟、〝どのような〟価値を持たせれば良いのかがわからないからです。

顧客のニーズや価値観が変化している…
社会が求めるものが大きく変わり、それに伴って会社も変化していかなければならない…

何となく聞いたことはあるし、頭ではわかっているという社長も多いと思いますが、これを本当に理解していないと、5年後、いや3年後の世界も見えていないに等しいといえるでしょう。

まずは、身近な変化を取り上げてみます。

～「持つこと・所有すること」の価値観が絶対だった昭和～

昭和生まれの私たち世代は、マイホームや高級自動車・ブランドものの腕時計などを豊かさの象徴と考え、誰もが憧れを持っていました。ところが、平成生まれのわが家の子ども達世代は、小さい頃から豊かな上にスマホが身近にありました。たくさんある中から好きな音楽や映画を選んで楽しみ、行きたいカフェの予約やショッピングだって全て手のひらの中で出来てしまうのが当たり前。友達との交流もスマホで可能。遠くへ旅行に行く時だって、「スマホがあれば何とかなる」と言って出かけて行きます。一方、私たち世代の旅行は鞄がぱんぱんでした。現金が入った財布に乗車券、それに宿泊先の予約カードや地図、ガイドブックも忘れてはなりません。現代はあれこれ持ち物が多かった昭和の頃とは大違いです。現にミレニアム世代に代表される、「これ以上モノを持ちたくない」というミニマリストと呼ばれる人も増えています。モノは、所有する時代からシェアする時代に変化しているのです。

車も服も家までも〝シェア〟してしまう世の中。所有することが大前提の販売戦略では事業発展のストーリーを描くにはやや無理があるかもしれません。モノを持つことに執着しない消費者が増えれば、当然、世の中のモノの流れそのものが変わっていくからです。

ちょっと考えただけでもこれだけの変化が現実のものとなっている中、自社の商品だけは…自社の取引先だけは…今のままずっと同じ状態が続く、と期待していないでしょうか?今の商品をバージョンアップして、現在のサービスをよりグレードアップして、という発想・考え方では、5年先は安泰でも、10年先はどうでしょう。

ちなみに…。小学生の頃からスマホでゲーム三昧だったわが家の息子も成人を迎え、数年後には社会人となります。家にいながら学び、海外の友人ともオンラインで自由に交流し、買物は信頼できる人の口コミや仲間の動画を参考にし、きれいな写真やブログで個人でも簡単にブランディングしてしまうようなZ世代の彼らが企業で活躍し、日本を動かす時代がすぐそこまで来ているのです。

この価値観の変化は、社員の採用・育成の現場にも大きな影響を与えています。出世や昇給に興味が無く執着しない、モーレツ仕事人間よりも〝自分らしさ〟や〝家族との時間〟優先、終身雇用制度の崩壊に伴う会社への帰属意識の希薄さなど、企業を支える社員の価値観も変化してきています。「石の上にも3年」、就職したら最低3年間は頑張るように教えられた私たちの時代と異なり、3年頑張ることよりも、「どの石の上で頑張るか？」が大事だと考え、転職に抵抗を感じる人が少なくなった現代。どのように採用し、どう教育していくかは会社の大きな課題となっているのです。

ただ、このように価値観が変化しているのは若者ばかりではありませんし、全ての人がモノやお金に興味を持たなくなった訳ではありません。そこに意味や価値を感じたい、存在意義を見出したい、と考える人が増えたのだと私は思います。モノや情報が溢れかえっている現代だからこそ、本当に価値あるもの・自分の心に響くものや会社を選びたい…と思うのかもしれません。このように、日々変化する人々の価値観に対応し、自社の事業発展を考える姿勢が大切なのです。

そこで、あなたの会社の価値を伝え、共感してくれる人を多くつくるための重要なヒントをお伝えいたします。それは…

「自らの感覚を鍛え、相手の五感に訴える」ことです。

五感？そんなものが事業の成長を支えるのか？そう思われたあなたのためにご説明いたします。五感とは、①視覚、②聴覚、③味覚、④嗅覚、⑤触覚です。

自社のことを伝えようと考えた時、これまでであれば、会社のホームページをつくり、そこに会社の規模や歴史、充実した設備やその素晴らしさを書き連ねる…ものが多くありましたが、近年、その様子は大きく変化してきています。

例えば、いちいち読まなくても見れば伝わる動画を活用した社長のメッセージ。そこからは、社長の顔や声はもちろん、表情やしぐさ、言葉づかいなどから、文章では伝わらない「人柄」や「性格」「仕事への思い」なども瞬時に伝わってきます。直接会わなくても、また、会う前から、あなたの人となりを伝えることができ、信頼してもらうことも可能なのです。

また、「羽のように軽い」「最上級のあたたかさ」と説明するよりも、実際に体験してもらえる場をつくったり、それを体験したお客様のインタビューを見てもらったりする方が各段に伝わりやすくなります。インターネットで情報を得るのが当たり前の今、良いことばかりが並んでいるホームページよりも、リアルな情報が知りたいと考える人が増えています。あなたの会社や商品の素晴らしさを伝えるためには、相手の感情に訴えかける必要があります。その時に、この「五感」を意識することがとても重要なのです。

ちなみに、１分間の映像には１８０万文字分の情報伝達量がある…と言われています。１８０万文字はウェブページ３、６００枚分にあたるそうですよ！もの凄い量ですね。

モノを持つことよりも、モノを通して得られるコトの価値観を重んじる社会のニーズに応え、満足度を上げていくためには、五感に訴えかける感覚マーケティングの発想が重要になります。実際の体験は提供できなくても、疑似体験の場をつくることはどこの会社にもできます。最近は、動画やVRを使ったプロモーションも手軽にできるようになりましたので、力を入れる会社も増えていますね。

そして、実は、五感にはもう一つ。

（1）正義感、（2）使命感、（3）責任感、（4）危機感、（5）安心感という五感もあります。あまり聞き慣れないかもしれませんが、自分自身の存在意義を見出したい、社会に貢献したいという価値観を持つ顧客や社員にとっては非常に魅力的なキーワードです。

近年、企業に対する社会的責任が強く問われるようになりました。

これまで、企業は世の中の役に立つような製品・サービスを生み出し、その対価として受け取ったお金で、新たな事業を展開したり従業員に給料を支払ったりしているのだから「利益を追求するのは当たり前」という風に考えられていましたが、目先の利益を追い求め続けることで、環境への対策がおろそかになったり、従業員が安全に気持ちよく働けるような努力を怠ってしまう会社も増え、それは、やがて消費者や従業員たちの信頼を失い、事業の活気さえもなくしてしまうことになりかねません。それに気づいた多くの人達が、企業の社会的責任に強く関心を持ち始めたのです。

あなたの会社を強く永く発展させるためには、まずはあなたの会社の存在意義や社会的価値についてしっかりと考えてください。経営者としてどのような正義感や使命感、責任感を持って事業に向き合っているのか、を。そしてそれに共感してくれるファンをつくって行くことこそ、次の時代に生き残り、事業を繁栄させるために必要なことなのです。かつての経済成長真っ只中、売上至上主義の時代の体質そのまま、表面的な〝いい会社〟では、社会に受け入れてもらうことができず、大きく後れを取ることになります。

弊社には採用や教育に関する相談も多く、特に採用が思うように進まない企業の多くは会社の魅力の伝え方に悩んでいます。新規の顧客開拓も人材の採用・確保も、相手の五感に訴えかける発想を鍛えて行かなければ、条件面を押すだけの営業・採用活動では、真に貴社に必要な人との出会いが期待できない世の中になってきたのです。

・日本式、「サービス＝無料」からの脱却

人々の価値観が大きく変化しているのだから、それに伴って自社の在り方や価値の伝え方を変えていかなければならない、というご説明をしましたが、次にやらなければならないことは、「サービスなんだから無料で当然」という思い込みを捨てることです。私たちの身の回りにはタダで手に入るものが多く存在しますが、「価値あるものを受け取る時は、それに相応しい対価を支払う」という当たり前な認識をお互いが持つことが必要です。

スーパーのレジ袋や携帯ショップのアプリ設定の有料化、預金通帳繰り越しの有料化など、日本で長い間「無料が当たり前」とされてきたサービスがこの近年、次々と有料化されています。他にも、購入した商品のアフターサービスや宅配荷物の再配達、ガソリンスタンドの窓ふきサービスなど、行き過ぎとも思えるサービスがすべて無料で提供され、その無料サービスを競い合うことで体力を消耗してきた日本企業ですが、深刻な人手不足もあり、さすがに有料化したり廃止したりする動きが加速しています。

このような、日本のさまざまな業界で行なわれてきたサービス競争ですが、正直、顧客にとって本当に必要かどうかわからない、過剰なサービスも生み出してきました。そのこ

とが長時間労働につながり、その割には生産性が低いという現実につながっているのでしょう。私たち中小企業が高収益体質に改善するためには、この、「無料」で提供してしまっているものをいかに有料化するか?または、その有料級のサービスを付帯した商品そのものを高く販売できるようにするか?を考えていく必要があります。

サービス業に限らず、生産性の低さはものづくりの会社も共通しています。工場管理や改善の実践などで効率化をしようとするもののなかなか効果が上がらず、しかも、価格を上げるどころか下げる交渉をされてしまい、結局、社員の長時間労働に支えられて何とか売上を伸ばしてきた…そんな会社も多いのではないでしょうか。

しかし、生産性を向上させるために、「今の仕事をもっと少ない人数で…」的な今のやり方は、深刻な人手不足や若者の転職率の高さなどを見ると現実的ではなく、仕事の高付加価値化は避けては通れません。社内にある技術やノウハウをいかに可視化して、価値を感じてもらえるようにするか?を考えていく必要があります。

私がいた保険業界も正にその典型で、新規加入や見直しの相談、各種手続き、他社契約の内容に関する相談や家族のライフプラン、様々な情報提供、経営に役立つセミナーまでもが無料で行われているという、無料サービスの宝庫のような業界でした。

実際に、私も大きな契約を取りたい！と思った時には、現在加入している他社契約（ある会社では社長の生命保険だけでも7つ〜8つの契約があり、それぞれ種類も期間もまちまちで、お客様もお困りの様子でした。）それをわかりやすく一覧表にして差し上げることで、自社の商品も検討して欲しいと考えたのです。

ただ、ひとくちに一覧表と言っても、文字だけで説明してもわからないと思い、何とか図で説明できないかと考え、不慣れなパソコンと格闘すること数時間…しかも、他社商品のパンフレットや約款をダウンロードして読み込むという念の入れようで、終日その作業に明け暮れた経験があります。

結果、過剰に契約していることに気づいた社長は、私の提案した生命保険の契約には至りませんでしたが、可哀そうに思ってくれたのか、他の契約をもらった…という経験がありります。これなどは、お客様にとっては有難かったかもしれませんが、完全に無料の域を超えたサービスだったな、と思います。

このような「無料サービス」に慣れてしまったお客様は、他社の「無料のそれ」と比較して、もっと上のレベルを要求してきますし、一度無料で出してしまったものはなかなか有料にできない…という現実もあり、お客様満足度は上がるけど、手を取られ過ぎてやったらやった分だけ赤字になる…みたいな状態です。

これは、提供する側にも大いに問題があり、「どこまでが無料」で、「どこからが有料」かの線引きや、そもそも有料のサービスをやっているかどうか？の案内をしていないケースがほとんどです。ある保険代理店もそうでした。

それまで、入社した社員全員にＦＰ資格取得を義務化しており、彼らのＦＰ相談が無料で受けられることをウリにしていましたが、相談業務と言っても、結局自社で取り扱っている保険商品を提案することが目的なのはお客様もお見通し、あまりメリットと感じていただけていない状態でした。

そこで、思い切って外部の独立系ＦＰと連携し、コンサルティングスキルの高いＦＰに有料で相談できるサービスをつくったところ、想像以上に好評となり、相談業務が有料化できた上にそこからの保険契約率もアップした、という事例です。

お客様のニーズとしては、自分が相談したい分野について高い専門性を持ったプロのＦＰに相談したい、無料のサービスだとかえって不安…といった気持ちもあったようで、非常に好評でした。紹介するプロのＦＰの認定基準も明確にし、第三者から見てもわかりやすいところが良かったようです。

このように、今まで無料で提供していたサービスを有料化する発想や、専門性の高い分野は思い切って外部に委託するなど、今までのやり方を変えることで、生産性だけでなく、収益性も向上させることができます。

あなたの会社の「無料サービス」や、無料で提供してしまっているノウハウなど、素晴らしい商品やサービスの結果までのプロセスにバリュー（価値）を持たせることで、営業のやり方も収益も大きく改善させることが可能なのです。

・「良いもの」を高く売るための具体策

長年の経験や専門家ならではの知識や技術など、社内に眠っている資産に価値を持たせて高単価で販売したいと日頃から考えている社長も多いと思いますが、そんな社長の思いとは裏腹に、

社員がなぜか無料で（過剰な）サービスをしてしまう…
望まれもしないのに自ら値引きを申し出ているようだ…

といった問題を抱えている方も多いのではないでしょうか。

これには大きく2つの問題があります。1つは、「価値あるサービスだけど、値段がついていない」ということ、もう1つは「社員が自社の真の価値を理解できていない」ということです。1つずつ説明していきます。

まず、「価値あるサービスだけど、値段がついていない」について。

私たちがお店で買い物をする時に値段がついていない商品はあるでしょうか？スーパーでもコンビニでも、また、ブティックやレストランでもそこには必ず「商品名」と「値段」が表示されています。消費者はそれを見て、「高い」「安い」と判断し、購入するかどうかを決めるわけですが、その陳列棚以外の場所に値段がついていないモノが置いてあったとしたらいかがでしょう？お店のディスプレイか単なる置物か何かだと思ってしまいませんか？顧客から見て、値段がついていないものは「商品」だと思わない…ということです。

多くの人は、その内容を見て、自分にとって役に立つかどうかを考え、その値段以上のメリットが得られるかどうかで「高い」「安い」を判断し、購入を決めるのですから。

前出の保険代理店の例にあったように、「プロのFP相談」が「〇〇円」で受けられます！と案内したからこそ、顧客から注文が入り、購入していただけたワケです。現在、無料で提供してしまっているものがあるとすれば、まずはそれを商品化するところから始める必要があります。そのためには、「名前」と「値段」は必須…ということですね。

以前ご相談をいただいたある会社でも、日頃からお客様に喜んでいただくため少しでも早い納品を心がけていたのですが、社内に明確な基準がなく、どこまでやれば良いのかわからない…という状況でした。初めは、予定より1日でも早くお届けすると喜ばれていたのですが、それを繰り返すうちにいつの間にか当たり前になってきて、逆に通常通りの納品では「今回は遅かったね…」と言われるようになってしまい、不満足につながってしまったそうです。「丁寧な仕上がりの安心品質」をウリにしていたこの会社が早さを追求することで顧客満足を更に向上させようとしたわけですが、この場合は、「早さ」を別の付加価値として提供するという方法があります。実際に、「特急料金」を設定したところ、それを求める人とそうでない人を分けることができ、社内のルールも明確になりました。「やっていることは同じ」でも、付加価値を提案し収益化することに成功した事例です。

そして次に、「社員が自社の真の価値を理解できていない」について。「プロセスバリュー（過程や工程に価値を持たせる）技」を考える上で非常に重要なポイントです。

「プロセス」は、営業プロセス、作業プロセス、成長プロセスなど、その過程や工程を表す言葉として様々な場面で用います。私が長年関わってきた営業という仕事は、外から見えにくい代表的なもので、属人化しやすいと言われます。優秀な営業マンほど良いお客様が営業マン個人についてしまい、彼が辞めてしまうと顧客の気持ちも離れがちです。彼がどのような提案やフォローを行なっていたのかがわかりにくいため、後任への引き継ぎもうまくいかず、大切なお客様を失ってしまう…という経験をされた方もいらっしゃるのではないでしょうか。だからこそ、プロセスは可視化しておくことが大事、と言われているのです。

これは工場内での作業プロセスも同じです。同じような指導をしていても、実際に作業をするのは一人一人の人間です。各自の感覚で大事な工程を飛ばしたり、勝手に増やしたり、教えたものとは違ったやり方をしたり…ということも珍しくありません。このような状態で「効率化」を唱えてもうまくいくはずがありませんし、品質も不安定になってしまいます。だからこそプロセスを可視化することは大事なのです。

ただ、私が考えるプロセス可視化の重要性は、ただそれを可視化することではなく、そこに価値を持たせてきちんと伝えましょうというところにあります。プロセスを可視化して、それをストーリーにしたことで売上が急増したアメリカのビール会社シュリッツのお話をご存知の方も多いでしょう。

１９２０年代初頭、アメリカでは10社ほどの醸造会社がひとつのビール市場を取り合っていて、その頃シュリッツは倒産寸前と言われていたそうです。そんな厳しい状況の中でシュリッツはある方法で業界ナンバーワンになったというお話です。

当時、どの醸造会社も「うちのビールは純度が高い」という同じようなメッセージを伝えていたそうで、そんな中、シュリッツはビールがどのように造られているのかをクライアントに丁寧に説明したのです。

・酵母菌を見つけるために1、６２３回も実験を重ねたこと
・不純物を取り除くための醸造の仕方の工夫について
・瓶に８７１度の蒸気をあててバクテリアと微生物を殺菌してビールの品質劣化を防いでいること

こういった一つ一つの工程を説明することで、人々から「どの会社よりも価値がある」と思われ、半年で業界1位になったそうです。シュリッツのビールだけが特別に品質が良かったわけではないそうですが、伝え方を変えることで多くの人の心に刺さったというこ

とでしょう。

これは、プロセスを説明する言葉も大切ですが、「他社もみんなそうだからうちもそうしよう。まあそれがこの業界の常識だし…。」と思いこんで、自社の価値を深掘りしたり磨き上げたりするということから目を背けることをしなかったところが非常に重要です。「高品質」「短納期」「低価格」など、多くの他社と同じような言葉で同じように表現し、その違いをどう説明して納得してもらうかの努力を怠っている、そんな会社のなんと多いことでしょう。先ほどのシュリッツの例はもう100年も前のものですが、現代の私たちがそこから学べることは多いと思っています。

プロセスという言葉ですが、先ほどのような「工程」を指す場合もありますし、「過程」を指す時もあります。この、工程と過程の違いはご存知でしょうか。工程とは、物をつくったり作業を進めたりする順序やはかどり具合のことです。製造工程、工事工程など、何かをつくったりでき上ったりしていく順序ですね。一方の過程ですが、こちらは、物事が進むありさまや進む道筋のことです。物づくりの進むありさま（製造過程）という使い方もできますし、「人の成長過程」、「生物の進化の過程」といった具合で使われることもあります。あなたの会社がここまで成長してきた過程や、あなたの会社の社員やあなた自身のこれまでの過程を振り返り、それを丁寧に説明することで顧客に伝わる価値に変換することが可能です。

プロセスに価値を持たせる…情報過多、価格競争の時代の中で、あなたの会社が競合よりも顧客の注目を引き続ける大切な視点です。

第5章

スペシャルユーザーを次々生み出す得意先育成の仕組み

1. 社長が真に伝えたい言葉は顧客に届いているか

・顧客獲得までの流れを止めない仕組みの構築

ここまで、値引きができない入口設計、自社の価値を100倍化する戦略についてお伝えしてまいりましたが、いよいよそれを社内に仕組み化し、優良顧客を育成していくための総仕上げの章です。売上を上げるための営業力強化というと、どうしても営業社員の教育や営業ツールの刷新など、小手先の手法に囚われがちですが、ここまでご説明してきたものをきちんと形にして社内で回る仕組みを構築していくことが非常に重要です。

いくら良い顧客層の開拓に力をいれても、どれだけ自社の価値をアピールしても、契約につながり、継続的なお付き合いができるまでの流れができていなければ絵に描いた餅にしかならないからです。まずは、基本的な流れを確認しておきましょう。新規顧客の開拓から顧客化までは4つのステージがあります。集客、教育、セールス、フォローです。

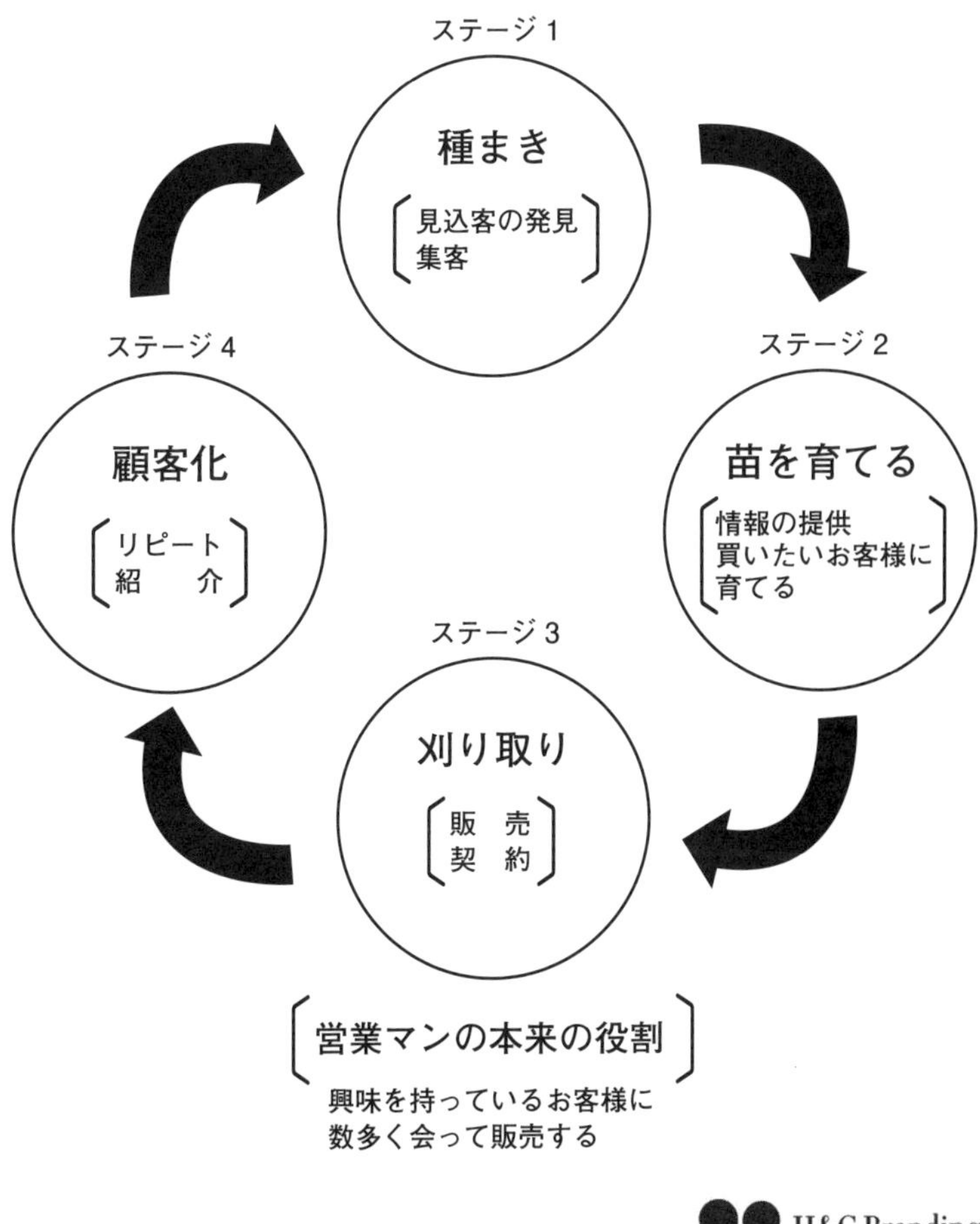
ストーリーブック営業の基本と戦略
●ストーリーブック営業のための仕組みづくり
・様々なステージの顧客を並行して育てる
・組織として取り入れる場合、それぞれのステージごとに役割分担できる
ステージ１
種まき
見込客の発見
集客
ステージ２
苗を育てる
情報の提供
買いたいお客様に
育てる
ステージ３
刈り取り
販　売
契　約
ステージ４
顧客化
リピート
紹　介
営業マンの本来の役割
興味を持っているお客様に
数多く会って販売する
H&C Branding

1．集客

見込客の発掘…あなたの会社と取引したい、あなたの会社の商品を使ってみたい、と思ってくれるお客様を開拓する種蒔きのステージです。私のように、ひたすら飛び込み営業をするというのもありですが、展示会や説明会などのイベントやＤＭ・ＨＰなどを活用して見込み客を発掘している会社も多いと思います。いずれにしても、いかにしてあなたの会社や商品・サービスのことを広く知ってもらうか？が鍵です。

2．教育

1の集客で接点を持った相手に対して自社のことを更に深く知ってもらい、商品・サービスから得られるメリットへの理解を深めてもらって「買いたい」お客様に育てる（蒔いた種を育てる）ステージです。飛び込み営業でアポイントが取れた、一度面談はした…と言っても一足飛びに契約にはなりませんし、展示会で名刺交換をした相手も同じこと。その一度の接点を活かしていかに深く入り込んで行けるかが鍵です。

3．セールス

蒔いた種がいきなり収穫できるケースも稀にありますが、多くの場合、2で丁寧に情報を提供したり課題を聞き出したりしながら大切に育ててようやく契約になる…という刈り取りのステージです。営業マンの役割は本来ここが中心なのですが、多くの中小企業では1から4全てのステージを1人の営業マンが担っているケースも多く、また、それを営業マン任せにしている社長も少なくありません。

4．フォロー

1度だけ購入してくれた、単発の仕事を受注した、というお客様に対してフォローをしたり定期的な情報発信・新たな提案をしたりすることでリピート客に育てていく顧客化のステージです。1の新規開拓は非常に会社と社員の体力を奪う大仕事なので、一度でも取引があるお客様を大切にフォローし、繰り返し購入・受注につながるような取り組みはとても重要です。

この一連の活動を川の流れに例えて考えてみた場合、あなたの会社はスムーズに水が流れているでしょうか？流れが滞っている(川幅が狭まっている)ところは無いでしょうか？まずはそれを見極めることが先決です。どんなに良い技術を持ち、良い商品・サービスを提供しようとしていても、その流れがスムーズでなければ良い循環は生まれません。自社の事業がうまく回っている状態＝豊かな川の流れをつくりたいと考えるのであれば、そもそも水が注ぎこまれる場所である「入口」が非常に大切だということもお分かりいただけるでしょう。インターネット技術が発展した現在、顧客の9割は製品購入前にネットで情報を調べているといわれています。ほとんどの人が、何かしら購入を決める前に会社のホームページを見ているということです。実際、私たちが提案される側である場合、初回の面談前に必ず相手の会社のサイトは確認しますよね。「6割の営業活動はすでに面談前に終わっている」なんて言われるほど自社のＷｅｂサイトの重要性は高まっています。中でもよく見られるページが「社長あいさつ」です。これから会う会社は、どんな社長が、どのようなことを考えていて、何を大切にしているのか？は必ずと言っていいほど見られています。そこに書かれているあなたのメッセージが川の入口を決めているといっても過言ではありません。

「ホームページは社員に任せているから…」

とおっしゃる社長も少なくありませんが、一般的な…他社と同じような…形だけの…そんなあいさつになっていないか、今すぐにチェックされることをおすすめいたします。

また、これまで私が見て来た多くの会社は、１（集客）と３（セールス）に気を取られがちで、２（教育）と４（フォロー）が手薄になっていることが多々ありました。１と３は社長や部長も管理がしやすく、例えば、１は訪問件数、テレアポ件数、見積り件数など数値化できるので評価がしやすい…とか、３も同じく契約件数、契約金額など数字がもろに見えるのでこちらも評価がしやすい…といった具合です。

しかし、２と４は数値化しにくい上に直ぐに成果につながらないため、重視していない会社のなんと多いことでしょう。以前、新規事業を立ち上げた会社の法人開拓支援をしたことがありますが、やはりその会社でも毎日のテレアポコール数や面談数を上げることに注力していらっしゃいました。しかし、なかなか思うように成果が上がらず、テレアポリストを幾度となく追加購入し、途中からは外部の業者に頼んで１日１、０００件単位で電話を掛けるということをやっていたそうですが、取れる面談アポは週に3~4件ほど。半年続けても2~3件しか契約に至らないという状況でした。入口からジャバジャバと大量の水を流し込んでいるにも関わらず、川下ではわずかな水がちょろちょろ…という状態です。新規事業を任された事業部長は、早く成果を出したいと気持ちが焦り、とにかく数を増やすことを重視したのです。確かに、見込みのある相手を探すためにはある程度の数の確保はもちろん必要ですが、大事な要素はお客様が出す「Ｎｏ」の中に隠れていたりします。

相手が必要性を感じなかった理由、話を聞いてみようと思わなかった理由、話は聞いたけれど検討に至らなかった理由などが、川幅を急激に狭めているわけです。

これは、新規開拓に力を入れているけれど成果が出ない会社に共通していて、工場見学や面談まではいってもその先につながらない…と悩む会社は意外に多いものです。ノルマに追われる営業マンは、自社の商品説明や他社との比較、値引きなどで今すぐ契約してくれるお客様（今すぐ客）に目がいきがちで、その分、質よりも量ばかりを求め、うまく行かない理由に向き合っている余裕なんてない、というのが現実です。

この、詰まりの原因を知ることは、仮に即決には至らなくても、「今の機械に不具合が出た時」や、「今の取引先に不満を持った時」など、本当に必要性を感じた時に思い出してもらえるような未来の見込み客（そのうち客）を育成していくことにつながり、顧客獲得までの流れを止めない営業体制構築の基本なのです。

・いつまで利益の少ないお客と付き合い続けるのか

さて、社内にスムーズな流れの仕組みを構築することの大切さはご理解いただけたと思いますが、次にあなたが考えるべきは「自社にとって理想の顧客像」を明確にすることです。これをしておかないと、今まで通り、理想の顧客とは関係なく、闇雲に顧客獲得をすることになってしまうからです。

あなたの会社にとって理想の顧客とはどんな顧客ですか？

様々な要素があると思いますが、
・契約（取引）の金額が大きいこと
・長期的に取引ができる相手であること
・あなたの会社に好意的であること
少なくともこの３つはどんな会社にとっても重要だと思います。この３つの条件を満たした理想の顧客を選択して獲得できれば、売上・利益をアップするのは難しくない、ということはお分かりいただけると思います。ただ、理想のお客を選択して獲得するなんてなかなか…とおっしゃる社長も少なくないのですが、実は難しいことではありません。理想の顧客を獲得する3つのステップをお伝えしたいと思います。

…が、その前に。理想の顧客像を明確にしないまま顧客開拓をしてしまうとどうなるか？　について少し触れておきます。

あなたは念願だったラーメン屋さんをオープンします。最近流行りのこってり系ではなく、透き通ったスープのシンプルなラーメンを売りにして、麺もそのスープを引き立てるものを選びました。お客様にはラーメンを純粋に楽しんでいただきたいので、から揚げやデザートなどの余計なメニューもありません。一度食べてさえ頂ければ、きっと多くの人がファンになってくれるだろう…そんな期待に胸を膨らませていざオープンしましたが、一向にお客様は入りません。そう、究極のラーメンをつくることに気を取られてお店の宣伝がおろそかになっていたのです。

慌てたあなたは、「オープン記念！餃子半額」「今だけビール1杯無料」と書いたチラシをつくって近所に配りました。翌日からそのチラシを持ったお客様が続々と来店しましたが、しかし、やったー！と喜んだのもつかの間…

「えっ?メニューってこれしか無いんですか?」
「あ〜、私こってり系が好きなんだよね」
「もっと麺のゆで具合とかトッピングとか選べないでんですか?」

とお客様からの質問やら注文やらクレームやらの嵐です。結果、数日間は繁盛したものの、２回目以降も来てくれるお客様が少なく、また閑古鳥が鳴くお店に逆戻りです。

いかがでしょうか?いやいや、この大将は売りベタ過ぎるだろう、良いものをつくっていればわかる人にはわかるんだよ…とか無理だよ、「うちはスープにこだわっているんだ」「シンプルで透き通ったこのスープを味わってほしい」と打ち出さなきゃダメだよ〜と思われたのではないでしょうか。その通り!

しかし、こんな感じで新規開拓をしている会社は驚くほど多いのです。実際に、以前ご相談いただいた美容院さんが同じ悩みを抱えていらっしゃいました。そのお店は、オーナー1人で営んでいらっしゃって、当然、1顧客1担当制。シャンプーやマッサージは新人さんがやるとか、他のお客様と掛け持ちでやたら待たされるとか、店内がガヤガヤ騒々しいとか、そんな不満を他店に持っているお客様を呼び込みたいと考えていたのですが、その分もちろん高単価なサービスを提供する必要があります。少し高くてもゆっくり落ち着いて自分だけの時間を楽しみたいというお客様に来ていただきたいところですが、こちらも、美容はプロでも集客は素人。集客サイトや広告にお金を掛けている割には新規顧客が取れず、なかなかリピートにもつながらない…という問題を抱えていました。

今ご紹介した例は新規オープン、しかも個人商店なので「自分の会社とは違う」と思われた方もあるかもしれませんが、考え方の基本は全て同じです。理想とする顧客像を明確にして、「その人」に刺さるメッセージを伝えることをしなければ、常に色んなお客様を呼び込んでしまう危険性があるのです。特にこの本を読んでくださっているあなたの会社は、きっと社歴も長く既存の取引先をたくさんお持ちだと思いますが、その中にはあまり歓迎しない顧客も混じってはいませんか。顧客開拓を営業社員に丸投げしていると、取りやすい客が流れ込んでしまいます。先ほどのような「集客は無料サービスつけてとりあえず近所にチラシを配る」「集客ならとりあえず集客サイトに載せて」という発想は、皆さんの会社でもついついやってしまいがちな、「顧客開拓はとりあえず展示会に出展して」とか、「営業数字を伸ばすならとりあえず営業マンを増やして」という発想と同じです。自社にとって本当に理想とする顧客は誰なのか?その顧客はどこにいて、どうすれば開拓できるのか?を設計する必要があります。そこで、理想の顧客を獲得するまでの３つのステップです。

ステップ１：既存の顧客リストから理想の顧客リストをつくる

まずは既存客を分類するための基準を決めます。基準を作ることで、理想の顧客とそうでない顧客を区別するための「ふるい分け」ができます。基準を決める場合は、次の３つの要素で考えます。

理想の顧客の要素　１．年商

(例)「年商５億円以上の顧客」

理想の顧客の要素　２．取引期間

(例)「最低１年以上の取引実績がある顧客」

理想の顧客の要素　３．取引頻度

(例)「３ケ月に１回以上の頻度で取引がある顧客」

例にあげた「年商5億円以上」、「1年以上」、「3ケ月に1回以上」という数字はそれぞれの会社によって異なりますが、このような3つの要素をはじめとした定量的な「数字」で顧客を区別することが重要です。感情的な基準は客観的なフィルターを作るのが難しいからです。理想の顧客像について社長に質問すると、「信頼できる」とか「価値観が共通している」などふんわりした回答が返ってくることがありますが、それでは社員には伝わりません。

ステップ2：理想の見込み客リストを作る

ステップ1で作成した理想の顧客のリストには、なにかしらの共通点が見つかるはずです。

今度はその共通点を探します。なぜ共通点を探す必要があるのか、というと、理想の顧客と同じ共通点をもつ会社は、同様にあなたの理想の顧客になってくれる可能性が高いからです。つまり、新規の営業先を開拓する場合、理想の顧客と同じ共通点を持つ企業の方が、理想の顧客になりやすいのです。共通点のポイントは、業界・従業員数・年商・地域などが考えられます。

例えば、

・電機、事務機器メーカー
・従業員が50名以上
・年商は、10億円以上
・都市部周辺

といった感じです。

先ほどの、「信頼できる」とか「価値観が共通している」という基準は、ここで出てきた会社が掲げる理念や社長の考え方・人柄の共通点として追加すると良いでしょう。長く良いお付き合いを大切にするのであれば、このソフトの共通点も大切な要素になります。そして、この共通点が見つかれば、それを満たす企業をどんどんリストアップしていくだけです。

ステップ３：キーマンに接触する

開拓すべき理想の相手先が見えてきたらあとは、相手に合わせた提案内容を考え、しかるべきキーマンに接触するだけです。これだけで、あなたの会社の理想の顧客に出会う可能性はぐっと近づきます。

ここまでお伝えすると、多くの方が「知っているよ」と思われたかもしれません。しかし、このシンプルな工程をやってみると意外とつまずくものです。ぜひ現場の営業マンに聞いてみてください。それぞれのステップをきちんと踏んで、最後のステップまでやりきっている人はごく一部です。みんな、社長が思っているほど猛烈に「理想的な顧客に会いたい」とは思っていませんし、仮に思っていてもやり方がわからない社員も多いはずです。だからこそ、この理想的な顧客像はあなた自身が明確にし、顧客に伝えたいことをしっかりと言葉にして社員の背中を押してあげる必要があるのです。

それをやらない限り、今まで通り理想の顧客とは関係なくやみくもに顧客獲得をすることになります。そうすると、結果は今まで通り利益の小さいお客様とも、ファンになってくれないお客様ともずるずると付き合い続けることになるのです。良いお客様と出会い、長期的な関係を築くことこそが、長期的な事業の安定と成長を可能にするのです。

・自分の想いが社員に届かない、そんな社長へ

社長が伝えるべき本当に大切な言葉を届ける相手はお客様だけではありません。あなたの会社の顔としてお客様と最前線で接する社員にこそ伝えておくべきなのです。しかし、「大切なことは普段から伝えているのに、なかなか社員に浸透しない」と、社員との温度差を感じている社長も多いことでしょう。ここまで読んでくださったあなたは、きっと会社をもっと成長させたい、社員の営業をもっとラクに楽しいものにしたい、もっと儲かる会社にしてみんなを幸せにしたい、とお考えだと思います。そのために、日々、社員には大切なことを教えているし、わかるまで丁寧に…と、根気強く繰り返し伝えているけどなかなかわかってくれないんだ、そんな悩みをお持ちかもしれません。これは、私がご相談いただく会社の多くが抱えている問題で、決して特別なことではありません。「よくあること」なのです。

例えばこのようなご経験はありませんか。

会議中、自分としてはとても良いと思うアイデアが浮かび、「こんなことをやってみたらどうだろう？」と社員に提案したのに、社員は無反応で沈黙が続く…。ようやく口を開いたかと思えば、「でも…」で始まるマイナスな発言ばかり。少しイラっとしつつも「あ

〜いかんいかん」と自分の感情を抑えつつ社員の成長を願って「じゃあ、どうしたらいいと思う？」と聞くと、また無言になる。「これじゃ、全然会話にならん…」と諦める。

また別の日には、

毎週月曜日の全体朝礼で、「自分の成長にもっと貪欲になってほしい」「夢を持って生きよう」「自分の頭で考えることが大切だ」とみんなに話してみるものの、社員は下を向いたまま。朝礼が終わるといつものように現場に行って決められた仕事をする。いつまで経っても変わらない社員の姿勢にがっかり。自分が言ったことは理解してくれているのだろうか、理解できないのか、難しいのか、それともやる気がないのか、わからん。

このような状態が新人や若手社員ならまだしも、部門のトップを担う責任者だったとしたら、「お前たちはそんな風に働いていて楽しいのか？」とつい言いたくなりますよね。そのような感情をこれまで何度も抱いてこられたのではないでしょうか？自分の想いはなぜ社員に伝わらないのか？そう思うこと自体は全く悪いことではありません。その感情は、社員一人ひとりの成長を強く願っている証拠だからです。「もっと成長してほしい！」「もっと楽しく働いてほしい！」と思い大いに期待しているからこそ、現状とのギャップに苦しんでしまうのです。ただ、その「わかってほしい」と強く思う気持ちが、余計に〝伝わらない〟を生んでしまっているのです。あの手この手で考えを伝えようと努力しているそのことが、社員の迷いや不満を生んでいるからです。

よくあるケースが、社内の出来事（電話対応や作業手順などのちょっとしたことから大型契約受注やクレームなど何でも）とにかく気づいたことを気づいた時に話し出したり、自分が参加したセミナーや講演会で聞いてきた「偉人の名言」とか「他社の事例」などをメールで一斉送信したり、あらゆる手段で社員に伝えている社長。この気持ち、めちゃめちゃわかります。私も、社内のちょっとしたことに気が付くアンテナはかなり高く敏感な方なので、とにかく良いことも悪いことも目につくのです。また、これまで相当数の経営者セミナーや講演会に参加したり、各業界の一流と呼ばれる方々とお仕事をさせていただいたりする機会もありましたので、その度に心が震え、感激し、「ああ、私たちももっと高みを目指したい！」と最高のモチベーションになったものです。その、気づいたことや感じたことをそのまま社内に投げかけるということを何度もやった経験がありましたが、やはり社員の態度はどこか他人事でした。

この私の経験を分析してみると、まず社内の気づいたことを気づいた時に話し出す件。確かに、社員に注意するタイミングは非常に大切で、後になってまとめて指導するよりはその都度気づいた時に声掛けする方が効果的なことも多々ありますが、ここで大切なことは、常に指導の軸が一貫していることです。我々中小企業は、社員の教育を外部に頼らず社内のＯＪＴ（職場内訓練）で行う会社がほとんどです。その際、指導している幹部やリーダーに教育経験を持たない者も多く、もしかすると社長ご自身もそうかもしれません。すると、大切だと思うことを片っ端から伝える、思いついた時に伝える、基本ではなく応用（ケースバイケース、このお客さんはね…的なこと）から先に伝えることをしてしまいがちです。

仮にこの指導が一貫していない場合、「あの時はこう言われた」「あの先輩はこうしろと言った」「社長はこの前と言うことが違う」といった社員の迷いや不満を生んでしまいます。この場合、まずやるべきことは、「軸をつくってシンプルな言葉で伝える」ことです。目指すべき社員像、社内の育成方針など、会社の軸となるものをつくって、それをなるべくわかりやすく伝わりやすいシンプルな言葉で表現することです。「私たちの会社が求める社員とは？」と聞いたら、「〇〇な社員！」と誰もが答えられることが理想です。

そしてもう一つ、「偉人の名言」や「他社の事例」などを熱く語ってしまう件。これは、「社員たちが気づくように…」「あの社員の行動が変わるように…」と、自分以外の第三者の有名な方の言葉や成功事例などを使って何とか伝えようとしている訳ですが、皮肉なことにその行為がむしろ社員の気持ちを冷めさせてしまっているのです。私も会社員経験があるのでわかりますが、社長がこのような話を持ち出した時に社員は何を考えているかというと、「やればできる?今の自分たちではダメだというのか?」「他社の成功事例…あ〜また比較されている」ということです。これでは、せっかくの社長が伝えたい大切なことが伝わらないどころか、逆効果になってしまいます。あなたが、この偉人の名言や他社の事例から何を感じ取り、何を考え、自分ならどうする、私たちの会社は何をするべきかをどのように感じ、考えたのかをご自身の言葉で話すことです。大切なのは「他人の言葉や他社事例を自分ごととして伝え、自分ごととして受け取ってもらう」ことだからです。

社長の言葉は、顧客を選んで育てるだけでなく、社員や会社の未来を育てる本当に大切なものなのです。あなたが日頃何気なく発している口癖や表情、行動は全てあなたの「言葉」として周囲に伝わり、それが会社の未来をつくっているのです。

2．顧客から次々と紹介がもらえる導線を設計する

・「紹介される会社」が持つべき3種の神器

ここまで、1（集客）から4（フォロー）の顧客獲得までの仕組みを川の流れに例え、①流れを止めないこと、②流す水を選別すること、③実際に流す社員に伝えるべきことなど、川がスムーズに流れるためのベースづくりについてご説明しました。水の通り道を確保できたところで、次はより多くの水を流し込む施策についてお話しします。

あなたの会社に流れ込んでくる水には大きく3つの種類があります。1つは新規顧客、2つめは既存顧客、3つめは既存顧客からの紹介です。ここでは、多くの社長から「理想ではあるけど、現実的になかなか難しい…」というお声をいただく、3の「既存顧客からの紹介」についてお伝えいたします。

仮にあなたが顧客の立場だとしましょう。会社にやって来た営業マンが「どなたかご紹介いただけませんか?」と言ってきたらどうしますか?よっぽどその営業マンを信頼しているか、そこから購入している商品やサービスに満足していれば二つ返事で承諾するかも

しれませんが、そうでもないと感じている場合は「考えておく」と言ってその場をやり過ごすのではないでしょうか。そう、ご紹介をいただけるということは、商品にも営業マンにも満足しているということが大前提となります。そもそも、売れていない商品やサービスがご紹介につながることはありませんので、自社の一番の「ウリ」は何か?を改めて定め、それが紹介につながるための道をつくることになります。日頃から顧客を担当している営業マンについては、外部講師を招いて行う研修（ＯＦＦ‐ＪＴ）なども上手に活用しつつ、やはり上司が営業に同行するなど日頃からの地道な指導が基本となります。その上で、紹介につなげるために考えるべきポイントについてお伝えいたします。

例えば、社長同士の個人的な紹介のような場合、お互いに性格や好みもわかっていて、「これなら喜んでくれるだろう」とか、「彼なら話くらい聞いてくれるだろう」といった予測がつくと思いますが、会社同士の紹介や、少し改まった紹介の場合、そうはいきません。事前に、互いの会社がわかる情報を交換して予備知識を持って面談に臨むというのが一般的です。その場合の「会社がわかるもの」の代表選手がＷＥＢサイトです。今どきホームページを持たない会社は少ないと思いますが、では、信頼を得るに値するホームページかどうかと尋ねられたら、「いや、ちょっと…」となってしまうかもしれません。

では、そのホームページに載せておくべき情報とは何か？重要な3種の神器は、

●会社のスタンス
●実際の顧客の声
●商品・事例の紹介

と言われています。中でも、これからの時代に特に大切なのが①の会社のスタンスです。会社のスタンスとは、何を大切にし、逆に、何をやらないのか？といった会社の方針です。「覚悟」と言ってもいいでしょう。今までのような、「万人受けする」「皆に向けた」「当たり障りのない」メッセージではなく、きちんと自社の考えや価値観を表明しているものであることが重要です。

先ほど、ホームページを持たない会社は少ない…と申し上げましたが、だからと言って、自社で作れるものではなく、外部に頼めば決して安くもありません。「せっかくつくるのだから…」と、あれこれ情報を詰め込んでしまったり、見た目のかっこ良さにこだわったりして、いざ出来上がってみたら、デザインはカッコいいけど、色々あり過ぎてどれも刺

さらないものになっているケースもしばしば。サイトをつくる目的が疎かになってしまったせいです。私もこれまで何度となくホームページのリニューアルを繰り返しましたが、その度についつい「あれもこれも」と思ってしまって、結局何が一番言いたいのかわからなくなった…という失敗談が山ほどあります。メッセージは、短く、シンプルにすればするほど相手に伝わりやすくなるものです。

一方、どんなに素晴らしいメッセージがあったとしても、それと言動が一致していない（感じがする）モヤモヤ感も、顧客目線で見ると容易に伝わってしまいます。例えば、一つひとつの製品に魂を込めて作っていると言いながらスピード納品に対応！…とか、女性の活躍を応援すると言いながら女性の管理者が一人もいない…とか、業界の発展に寄与すると言いながら社会貢献活動についてはは何も触れられていない…など、耳障りのいいことだけを並べていて、真の姿が見えてこないサイトは山ほどあります。私も、事前にサイトを見てから実際に訪問し、このギャップ（言っていることとやっていることの違い）にがっかりした経験は少なくありません。特に、紹介された側が見るという視点で考えた場合にはここが大きなポイントとなります。スタンスが明確になっている会社ほど、本当に大切な顧客へのメッセージは刺さりやすくなるのです。

この、会社のスタンスを明確にすることで絶大な支持を得た有名スポーツブランド、ナイキの事例をご紹介します。

2018年、ナイキが公開した広告が大きな話題となり、同時に物議を醸しました。その広告とは、アメリカンフットボールの選手を起用して「何を犠牲にしても何かを信じろ」と書かれたものだったのですが、その選手の名前はキャパニックさん。彼は2年前に有色人種差別に抗議して試合前の国歌斉唱で片膝を突き、その行為が競技のルールに反するとしてリーグから事実上追放された選手だったのです。その後、「こんな広告を一スポーツブランドがやっていいのか！」とメディアで批判の嵐が起きて、直後にナイキの株価は下落したそうです。しかし、この行動は社会正義を購買行動の決め手と考える多くの層（特に若者）に強く刺さり、絶大な支持を受け、ナイキの株価は急騰した…というお話です。その後の調査では、ブランドイメージの投票でナイキは競合4社を抑え、人気があるブランド、社会正義を支持しているブランド、話題になっているブランド、購入したいブランドのトップに立ったそうです。

この事例から私たちが学ぶべきこととは何でしょうか。国も違えば、業種も違う、狙ったターゲット層も全く違うとは言うものの、大切なことは共通しているはずです。それは、「自分たちは何を正義とするか」という価値観を表明することの大切さです。顧客からの紹介に限らず、多くの会社が抱える社員の採用難問題にも共通します。

社員が宝、社員満足の向上を目指しますと表明している会社が、実はサービス残業やパワハラが常習化しているブラック企業だったり、ノルマ無しを売りにしている営業会社が、実は数字未達成の社員への態度があからさまに悪い職場だったり…ということは珍しくありません。ひと昔前であれば入社してみないと分からなかった内情も、今はインターネットの普及で情報は世間につつ抜けです。会社のスタンスを表明するということは、そのまま会社のブランドをつくることにつながります。この考え方は、②実際の顧客の声にも、③商品・事例の紹介にも通じることなのです。誰を見て、誰のための何の事業を行うのか？ここの軸をしっかりと押さえておかないと、あなたの会社は行く先を見失い、出口の見えない迷路に迷い込んで抜け出せなくなってしまうかもしれません。

・ストーリー活用の本質　～時間を資産に換える～

社内には、次々と紹介をもらって実績を上げる者もいればそうでない者もいます。また、紹介につながりやすい商品もあれば、詳しい説明なしには紹介がもらえない商品もあります。他にも、社長なら伝えられるけど他の社員は伝えられないことや、工場見学・お試しコースなどその場で体験すればわかることがなかなか伝わらない…など、良さが伝えられる人や環境が限定的だという悩みを抱える会社は多いものです。皆様の会社はいかがですか？

この、社長や社員もしくはお客様自身など、「誰かが動かなければ伝わらない価値」を何かの形で自動化ができれば、社長の代わり、優秀な営業マンの代わりにどんどん優良な顧客を連れて来てくれます。皆様は、そんな夢のような自動化システムの構築について考えたことがあるでしょうか？「紹介営業は○○君じゃないとムリ」とか、「あの商品は直接行って説明しないと難しい」とか、「この案件は社長以外はムリです」など、会社や商品の魅力を伝えられる社内の伝道師が限られている場合、会社全体が非効率な営業活動を強いられてしまいます。

実際、私が営業マンだった時代はご紹介をいただくことが多い方でしたが、そうでない社員もたくさんいました。紹介どころか、身内や知り合いにさえも断られる社員がいたほどです。よく世間では、紹介が出る人と出ない人の違いは、「紹介してください」と口に出して伝えているかどうかだ…と言われますが、確かにその通りです。しかし、その言葉を言っただけで単純に紹介につながっているわけではなく、そこにはきちんとした理由があるのです。紹介が出やすくなるためのコツです。

私の場合、「自己紹介シート」を作成して、ご紹介くださる方に渡していました。年齢や経歴、保有資格以外に、この仕事に就いたきっかけ、仕事をする上で大切にしていること、これまでのご相談・ご契約事例などをＡ４サイズにコンパクトにまとめ、顔写真も載せました。情報量が多い名刺、一人歩きする私の分身のようなイメージです。これがあると、ご紹介者が私について説明する手間が省けます。しかも、写真があることで顔が見えて安心感があります。当時は今のようにＳＮＳでつながる…みたいな時代ではありませんでしたので、いかに自分のことを伝わりやすくするか?紹介者の負担を軽くするか？ということを常に考えていました。

10年前に独立してからは、この自己紹介シートを更に進化させて来ました。例えば、自己紹介マンガを作成したり動画をつくったり…といった感じです。マンガ冊子はほんの30ページほどのものですが、なぜ今の仕事をしているのか？何が提供できる人間なのか？私であることの理由はどこにあるのか？をぎゅっと凝縮しているので、何も言わないのに読んでくれた人が勝手に紹介してくれたり、会っていきなりコンサルティングのお申込みをいただいたり…ということも珍しくありません。信じられないかもしれませんが、本当に一人歩きしてくれる分身なのです。皆様も、毎日何気なく見るＳＮＳで、「これいいな」と思ったものには、ついつい「いいね！」やコメントをしたり、シェアしたりした経験をお持ちではありませんか？これも、誰に頼まれたわけではないのに勝手に動いているんですよね。

では、紹介や口コミが一人歩きする…シェアされる…そんな人や商品・サービスと、「紹介してください」と言っても紹介につながらない人や商品・サービスは、いったいどこがどう違うのでしょう。それは、伝えようとしているものが、ただの「情報」なのか、「ものがたり（ストーリー）」なのかの違いです。

例えば、

（A営業マン）

○○大学卒業、△△の資格を保有、大手□□会社で営業経験○年、得意分野は企業のリスクマネジメント…

（B営業マン）

営業経験ゼロの専業主婦がシングルマザーになって保険営業に挑戦、「お客様の話をトコトン聴く！」がモットー、2人の子ども達とたまのドライブが最高に幸せ…

この2枚の自己紹介シートがあったら、どちらが印象に残りますか？

ちなみに、Bは私の事なのですが（笑）、こんな自己紹介でも喜んで会ってくださる方はたくさんいらっしゃいました。営業スキルも能力も圧倒的にAさんの方が優れていて、年齢も若く、私に勝ち目はありませんでした。しかし、紹介が出るかどうか？で比較すると、正直、私の方がダントツだったように記憶しています。直接お客様に対して営業をするシーンとは異なり、紹介となると間に紹介者が存在します。その方の印象に残り、共感し、つい人に教えたくなる内容かどうかがカギになります。

私たちは、これだけ情報が溢れている社会だと口では言いながら、自分のことを伝える時には無意識に情報ばかりを伝えがちです。これは普段の営業活動や、会社説明会などの採用活動の場でも同じことが言えます。機能や性能、スペック、価格などの情報を伝えることばかりに気を取られ、大切なこと（ものがたり）を伝える発想がごそっと抜けてしまっているのです。私たち中小企業は大企業と同じ土俵では戦えません。お金も技術もアイディアも豊富に持っている大企業と同じ見せ方・伝え方をしても負けるからです。その会社にしかできない、その人にしか出せない熱量をどこで表現していくかが最も重要なのです。

そのために、弊社ではコンサルティングの中で社長と一緒にその会社の武器や魅力を改めて確認し、掘り起こして磨き上げ、それをストーリーブックに落とし込むご支援をしています。単なる会社案内ではない、それぞれの会社が向かうべき方向性が明確になり、社員全員がひとつの同じ方向に向かって力強く前進するための「軸」となるものです。

良いお客様から良いお客様にご紹介のバトンを渡してもらうためには、そこにものがたりがあること、それを伝えやすくするツールや仕組みがあることが重要です。特に、10年

20年、それ以上続く会社で、社長も社員も毎日の風景が「当たり前」になってしまっている会社の魅力の掘り起こしはより丁寧に行う必要があります。自社が本来持っている魅力や強みが空気のように感じられ、「何も無い」と思ってしまったり、「他社と比較することで見いだそう」としたりしてしまうからです。そこに第三者が入ると、全く違う視点で掘り起こすことができます。その掘り起こして磨き上げた「オンリーワンストーリー」が伝わる仕組みを構築できれば、社長が休んでいても、社員が現場作業に集中している間も、みんなの代わりに24時間３６５時間休まず働くスーパー営業マンとして走り回ってくれるのです。

私たち全ての人間に平等に与えられている「時間」を味方につけ、「資産」に換えていく発想を持ちましょう。「紹介」ほど角度の高い新規開拓はありませんものね。

・モノ売り発想からサービス提供発想への転換

さて、ここに一つ興味深いデータがあります。

総務省の統計によると、この20年間、営業マンの数が約100万人減少したそうです。その原因はいくつかありますが、中でもインターネットの普及が大きな要因の一つといわれています。例えば、わざわざ営業マンから高い手数料がかかる金融商品を買わなくても、自らネットで購入すれば格安な手数料で手に入れることができる…とか（商品は同じなので自分が負うリスクは同じ）、最近では、医薬品の販売もWEB上でできるらしく、そのサービスを活用するお医者さんも増えているそうです。個人的には、医薬品の営業＝お医者さんの接待というイメージを持っていたのですが、そうでもなさそうです。保険業界でもネット契約がどんどん進み、反対に、GNP（義理・人情・プレゼント）と言われたひと昔前のスタンダードであるお願い営業は姿を消しつつあります。無理なノルマを達成するために顧客を騙したり不正を行ったりする大手保険会社の不祥事も相次ぎ、本来、人間が対応してくれることで得られるはずだった「安心」や「信頼」を逆に損なう出来事も後押ししているのかもしれません。

一方で、営業事務職に従事する人の数は大きく伸びているというデータもあります。営業職全体は減っているのに、なぜなのか？…それは足で稼ぐ従来の外回り営業よりも、内勤型の営業に力を入れている会社が増えているからだといわれています。確かに、ひと口に営業と言ってもやり方は何通りもあるので、必ずしも外回りだけに注力する必要はありません。むしろ、外回りができて、顧客と対面で商談やフォローができる人材はその業務に集中させ、それ以外の業務を社内の人間やシステムに任せるというのはこれからの営業に不可欠なやり方です。

営業職、事務職という垣根を越えて効率的な営業方法を考えるこの発想は、これまでのような、製造業、卸売業、小売業…といった業種の壁を壊すことにも通じます。そして、モノづくりやモノ販売を通して培ったノウハウを活かして顧客に提供できるサービスは何なのか?を考えることで、「モノ売り発想からサービス提供発想への転換」を実現し、今後の時代に必要な戦略となるのです。

例えば、ダイエットサプリを製造している会社を想像してください。

・・

女性にとってダイエットは永遠のテーマ、しかも、運動や食事制限など無しに手軽に痩せたいと考える人が多く、良いモノをつくっていれば売れた時代があった…。しかし、競合が後からどんどん増え、海外の商品も簡単に手に入るようになり、商品を作って売るだけでは新規顧客の獲得も既存顧客の囲い込みも厳しい時代になった。価格競争では大手には絶対にかなわない…。

・・

ダイエットサプリに限らず、今、このような厳しい状況に追い込まれる製造会社は多いのではないでしょうか。経営環境が大きく変化しているのは我々中小企業だけではなく、大手も生き残りをかけて必死です。自動車業界から寝具業界という全く違う分野に進出する大手企業や、町役場の入札に参戦する大手ゼネコンなど、今までは中小の主戦場だったところに大手がどんどん触手をのばしてきて、その資本力や知名度で、既存の市場をごそっとひっくり返す…ということを平気で仕掛けてきます。

そんな中で私たちが考えなければならないことは、広く浅く網を投げるのではなく、狭

カンファタブルベネフィットと アサーションベネフィットの創造

●モノづくり・モノ販売発想から、モノを通して提供できるサービス発想への転換

モノづくり モノ販売	を通して培ったノウハウを活かし 顧客に提供できるサービスは何なのか 発想の転換をする

※イメージ（例：ダイエットサプリ製造会社）

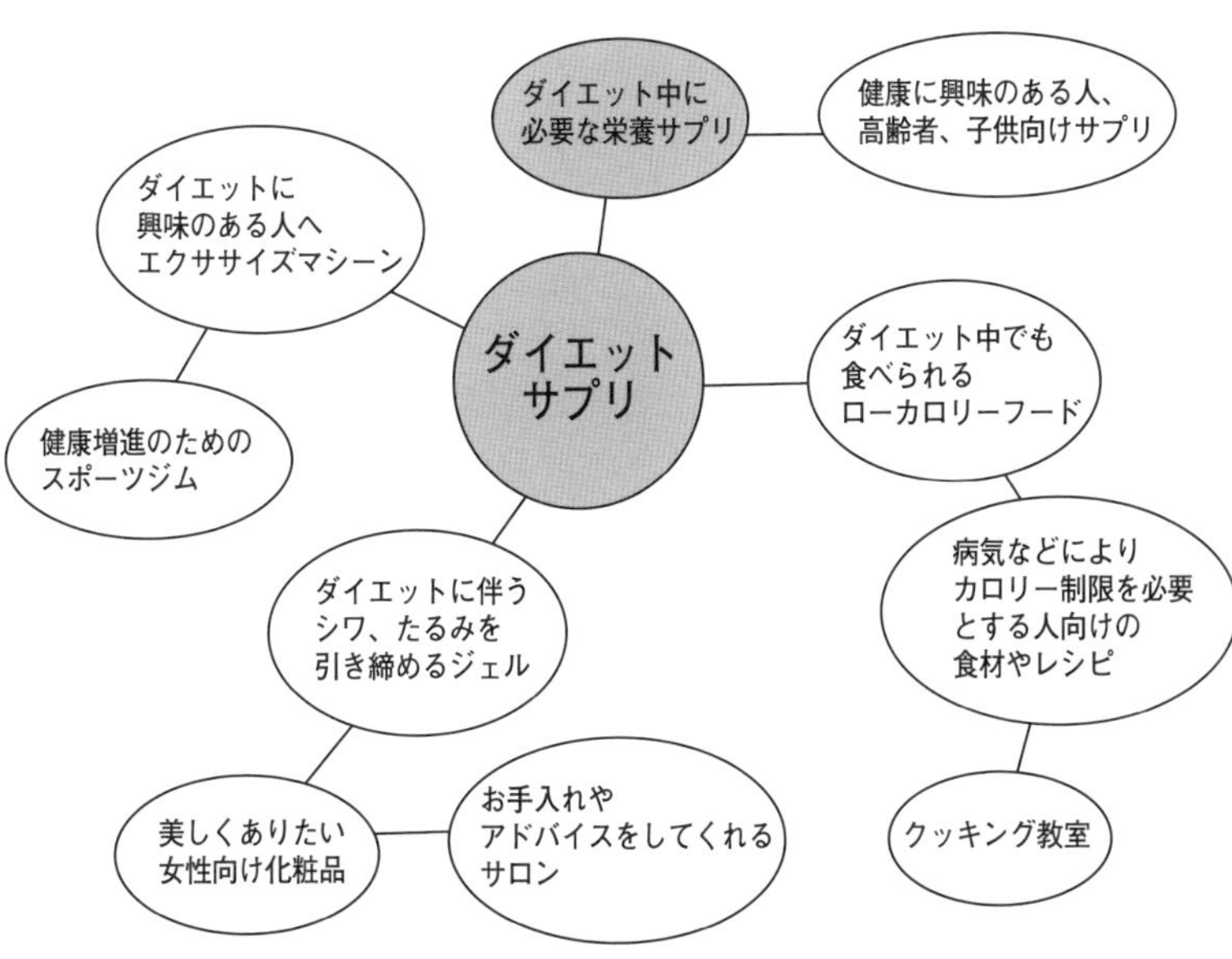

自社が提供する製品により、販売策の拡販や新規事業への可能性などもあわせて提案する

くても深く刺さる槍を持ち、熱烈なファンをつくることです。そのためには、商品をつくって売るだけではなく、それを体験してもらえる場の提供や、その体験をもっと進化させる商品開発の発想、そこに共感して自ら宣伝してくれるコアなファンをつくっていくことです。

この図は自社が得意とするダイエットサプリの製造技術や知識、情報などを活用して横展開できるサービスや商品は何があるのか？また、それを必要としてくれる顧客との接点をどこに置くのか？というアイディアの一例です。自社ができるかどうかではなく、お客様が何を求めているのか？何が喜ばれるのか？その中で自社が得意とする分野はどこなのか？をすり合わせながらひねり出していくのです。これまでのような「プロダクトアウト型（作り手が作りたいもの、作ることができるものを優先して製品やサービスを生み出す発想法）」でも、「マーケットイン型（顧客の意見やニーズを取り入れる形で製品やサービスを生み出す発想法）」でもなく、その2つをうまく融合させる思考が必要だと私は考えています。

長らく日本では、「餅は餅屋」にたとえられるように、専門分野をつくってそれを極めることが事業を成功させる秘訣のように信じられてきたように思いますが、今は、その専門の技術や知識、経験を活かしてサービスを提供する方向にシフトする会社が増えています。

以前、私の地元島根県の社長たち数名と一緒に岡山県倉敷市児島にあるジーンズメーカーを訪れたことがあります。このジーンズメーカーのＫ社長は、１９７０年に業界で初めてレディースジーンズのブランドを立ち上げたり、２００３年に日本初のジーンズ資料館「ジーンズミュージアム」を建設したりと、業界では知らない人はいないという有名人ですが、以前から懇意にさせていただいていましたので、ぜひお会いしたいとおっしゃる社長たちをお連れしたのです。皆さん、ミュージアムを見学しながら「すごい！」「すごい！」の連発で、とても楽しい見学ツアーになりました。最後に意見交換会を催し、各自が抱える課題や、今後の展望などを話し合ったのですが、その時の会話がとても印象的で今でも私の心に残っています。

「このような立派な、しかも毎年大勢の人が訪れてくれるミュージアムはどうやったらできるでしょうか？」

と質問されたある社長に対して、Ｋ社長はこのように答えていらっしゃいました。

「皆さんの会社にも空いている部屋が1つくらいあるでしょう。そこをいつでも解放する！と決めて看板をつけて開けておくだけですよ。最初から立派なものを作ったって、どうせ誰も来やしないですから（笑）」と。

私たちが何かコトを起こそうとした時、常にかっこよく、完璧なものをつくろうとしてしまいがちですが、「サービス」は相手が喜んでくれることが何よりも大事です。相手とのコミュニケーションが、互いが望む心地よい（カンファタブル）空間を生み出すのです。あなたの会社の魅力を「五感で感じてもらえる土俵」は、コアなファンづくりに絶大な効果を発揮し、あなたの会社の事業発展の後押しをしてくれます。

第6章

小さな会社でも
世界を目指す、
社長の野望と事業戦略

1. 社長が描く未来ストーリーこそが事業成長への羅針盤

・未来は思い通り、描いた通りになる…と言うが

ここまで、中小メーカー企業が売り込まなくても売れるようになるための戦略づくりや具体的な実務についてお伝えしてまいりました。これまで10年、20年、それ以上続いてきた今の事業の中に自社独自の価値を見出してそれを売れる武器に磨き上げ、理想とする顧客を自ら開拓できる体制を作って、更に事業を成長させて欲しいと心から願っているからです。そのためには、社長ご自身が理想的な未来を描くことはとても大切ですし、それをすることで、社長は思い描いた通りの現実を手に入れることが可能であると確信しています。

「思考は現実化する」という言葉を聞いたことがある人は少なくないはずです。成功哲学をまとめた有名な本のタイトルですが、実はこれは脳科学的にも正しいといわれています。私たちの脳は五感を通して1秒間に数千個の情報を感知するらしいのですが、ちゃんと認識できるのはせいぜい１０個程度なのだとか。例えば、今から10秒間、あなたの周りにある「赤いもの」を探してください！と言われたとき、きっとそこにほかの色があった

としても、その10秒間はほぼ「赤いもの」しか目に入らなくなるはずです。人間の脳は自分が見たいものしか見ないので、「何かを思い始めた瞬間からそればかりが目につくようになる」というわけです。（二日酔いの日にどうしてもラーメンが食べたくて、妙にラーメン屋さんの看板ばかりが目に入ってくる経験をしたことはありませんか？あの感覚です）社長を筆頭に社員全員が徹底して赤いもの探しを行うとしたら…そりゃ未来は変わって当然、ということです。だから、何を現実化するのか？という指令はより明確に出す必要があるのです。

ただ、そうは言っても、いつもうまく行くわけではありません。誠実にまっすぐ前を向いて歩いていても、行く手を阻むものは必ず現れます。原因が内部にある場合はある程度目が届きますが、外部環境の変化はどうしようもないことが多いのが現実です。例えば本書でもご紹介した「大口依存体質」などは非常に危険です。〝Xデー〟は現実として突如やってきます。以前、ご相談をいただいた金属部品製造会社では、売上の半分近くを占めていた仕事が、ある日突然、海外の会社に渡ってしまい年間数億円の取引が無くなってしまったり、また、ある食品製造会社では年間数千万円の受注があった大口顧客が倒産したり…といった具合に。

私も、大手研修会社の仕事をしていた頃、担当者が変わったことが理由でバッサリと切られて安定して受注していた仕事がゼロになった経験があります。何年もかけて積み上げた信頼関係や、顧客満足・顧客への貢献などどんなに実績があっても、何の前触れもなく、本当にあっさりと消えて無くなりました。他を断ってでもそこの仕事を優先して都合をつけていたのですが、そんな一途な私の思いなど届くわけもありません。そして、大きな売上を突然失うことの恐ろしさは、金銭的な問題を引き起こすだけではなく、社内に動揺が広がるところにあります。〝揺らぐ〟のです。その揺らぎの影響は思った以上に強く、空いた穴（失った売上）をふさごうと右往左往してしまうという行動につながります。

元々、大口顧客との関係は一朝一夕に構築されたのではなく、最初は小さな取引から始まって徐々に大きく育てられたもののはずです。それを一気に補える相手や仕事など簡単に見つかるはずもなく、手当たり次第に数字になる仕事を探し回る…という事態を引き起こしてしまいます。

そう、方向性を見失ってしまうのです。

本来自社が得意とする分野ではない仕事を受けると、品質が下がり、顧客満足度も当然上がらない…結果、もちろんリピートにもつながらない、付け焼刃のやっつけ仕事を繰り返すことで目先の売上は取れても成果が出ずモチベーションが下がる、手っ取り早く売上にするために大手と組んだり有名な商材を扱ってみたりする…

実はこれ、すべて迷走していた頃に私がやった失敗の数々です。

本来は、揺らいだ時にこそ自社が持っている強みを再度掘り起こして磨き上げ、本当に目指すべき方向に向かって力強く進まなければならないはずなのに、売上!売上!という自らの大号令と共に目先の人参に食らいつき、食べ尽くしたら次の人参を探す、人参が無くなったら今度は大根でも何でも…といった具合です。気が付いた時には「何でも屋さん」の看板を掲げ、自社に足りない信頼やブランドは外部の大手企業や有名商品で補おうとしてしまったのです。依存体質を抜け出そうとしていたはずなのに、更に深い依存体質に陥ってしまう最悪のパターンです。

私の失敗事例を見ていただいておわかりいただけたと思いますが、揺らいだ時に絶対にやってはならないことは、その源泉を外部に求めてしまうことです。他社とのコラボや有名商材の取り扱いなどは、自社の方向性が確立され、その戦略上のコマの一つとして扱うべきです。

まずは社内を見渡し、社員一人一人の力を見極めると同時に、顧客や取引先・自社の歴史をしっかりと見て価値を見い出すことが先決です。変化の激しい時代だからこそ、日頃からブレない軸をつくって、自社で開拓営業ができる仕組みを標準装備として構築してくことは非常に大切なのです。本当に本当に大切なんですよ。

・理想の未来を現実化する習慣の力

自社のいいところを言語化する、皆様も良く聞くフレーズだと思います。更に、そのいいところを付加価値に変換して…と言われても、それが出来たら苦労はしないよ、と言いたいところです。「自分のことは自分が一番よく知っている」なんて言いますが、実は自分のことを客観的にみることはとても難しいのです。ふとした仕草や普段の口癖などはほとんど無意識に行っているので自分の中では普通のことなのですが、他人から見ると非常に特徴的な行動だったりします。これと同じように、会社にとって「普通」のことも、周りから見ると普通じゃないことはよくあります。

以前、営業社員の部下を指導していた頃、客先に行く前には必ずロールプレイング（ロープレ）をしてから出掛けるように伝えていました。頭でわかっていることでも、いざお客様を目の前にすると口から出てこないこともよくありますし、何より契約面談の場合はお客様の誤解を招くような説明や、信頼を損なうような言動が命取りになるからです。その場は何とかごまかして契約できても、後から大きな問題に発展することは目に見えていますので、そこの指導には特に気をつけていました。このロープレをしている最中も、やはり本人は問題点に気づかないことが多々あります。無意識レベルでやってしまっているからです。これを、第三者的に注意することは簡単ですが、細かな指摘を受けた本人はあまりいい気分ではありません。そこで私が行っていたのは、そのロープレの様子をビデオに撮って本人に見せるという方法です。自分の口癖や話し方を自分で見るあの感覚は私も経験がありますが、まるで拷問のようです。しかし、他人に注意されるよりも効き目は抜群、即効性がありました。人は「やらされ感」では決して動かず、自ら気づき行動することで結果を変えることができるのです。

これは改善点を見つける方法なので、意外とやりやすいのですが、難しいのは「良いところ」「魅力的なところ」を自分で見つけることです。他人から見てどんなに素晴らしい長所も自分にとっては当たり前で、それを凄い！と認めることはちょっとした技術が必要です。そこで、日頃から自分や自社の良いところ、魅力的なところを見つけ出し、それを高めるための3つの習慣をお伝えします。

まず1つめは「書く」ことです。日頃から手帳をつける習慣をお持ちの社長も多いと思いますが、予定や会議のテーマ、社員から上がってきた報告数字などの情報以外に、その時にどう感じたのか？どんな気づきがあったのか？など、ご自身の感覚（五感）に問いかけながら書き留める習慣を身につけてみられてはいかがでしょう。普段は意識しない当たり前の情報や数字にも、一人ひとりの社員の表情やお客様の喜ぶ声を感じられるようになります。そんな自分を見つけた時、ふと嬉しくなる不思議な感情がこみ上げてきます。

そして2つめは「話す」ことです。朝礼や会議で「報告」をするシーンはよくあると思いますが、その事実に対し「どう感じ、どう思ったか」の感情をセットで話す習慣を身につけることです。こうすることで、あなたも社員も他人の価値観に毎日触れることができ、感覚が研ぎ澄まされてきます。毎日、売上数字や経費、時間などの無機質な数字ばかり追いかけていても、情緒は育まれません。自分や他人の感情に興味を持たない人間が、どうしてお客様に喜んでもらえる商品やサービスを生み出すことができるでしょうか。その環境や教育体制を整えていくことは決して難しいことではありません。まずは社長ご自身が自分の感情を言葉にして話すところから始めてみられてはいかがでしょう。

最後3つめは「感じる」習慣です。あなたの会社には目標とする会社や憧れの会社はありますか?自社よりも優れていたり、社員が活き活きと活躍していたり、地方から世界に羽ばたく会社に成長したり…ああ、あんな風になりたいと思う会社がおありだと思います。

ぜひそのような会社を見学する機会を設けてみてください。本書でもご紹介した、テーマパークで自社ブランドだけでなく町おこしにも成功している会社を社員と一緒に見に行く機会を定期的につくることです。百聞は一見に如かず、社長が百回朝礼で話すよりも、社員が自ら感じ取る方がその効力は絶大です。このような機会を年に1回の恒例行事にされることをおすすめします。

これは余談ですが、わが家には2人の子どもがいて連休や夏休みを使って20年以上、毎年家族で旅行に出かけています。下の子が保育園に入った頃からは、年に1～2回は必ず四つ星以上のホテルに泊まるようにしています。これは贅沢をさせるという意味ではなく、彼らの情操教育の一環として私が大切にしてきたことの一つです。

普段は1泊数千円のビジネスホテルを使いますが、この時ばかりは1人1泊数万円のホテルです。正直、教育費が掛かる2人の子どもを抱えたシングルマザーにとって決して安い出費ではありませんが、そこから学べるものの多さを考えると、何にも代えられない価値を感じているからです。

高級なホテルには、普段お目にかかれない家具や窓から見える絶景以外にも、ゆったりと流れる時間や、それを楽しむお客様、ちょっとした気遣いや心遣いに現れるスタッフのおもてなしなど、目に見えない価値が溢れています。これらを感じられる空間こそ、大切なお金を支払ってもいいと思わせてくれる価値ある場所なのです。

しかし、どんなに素晴らしいホテルでも、２日もいると子どもたちはその環境に慣れてしまって３日目の朝にはまるでわが家にいるような顔で朝食を食べています。（何と贅沢な）でも、これが私たち人間であり、どんなに恵まれた環境にも慣れてしまうという証拠です。ただ、旅行には終わりがあります。夢のような時間はあっという間に過ぎ、また普段の毎日が待っています。これを繰り返し経験させることで、その一瞬一瞬を大切に過ごし、今しかできないことに集中できる心を養うのです。

このような日々の習慣は、すぐには効果が表れないかもしれませんが、ボディブローのように効いてきます。習慣の力、恐るべしです。

2. 社員と顧客を全員巻き込む夢実現の航海へ！

・海外を視野に入れた事業の成長戦略

今後、日本では少子高齢化が益々進み、労働人口も減少していくといわれています。多くの会社が人手不足に悩まされていて、今後は更に新たな人材の獲得が難しくなるでしょう。人口の減少は、製品やサービスの供給だけでなく消費する側も同時に縮小することを意味します。

労働人口と消費人口がともに減るということは、これまで国内市場を主戦場としてきた会社の多くは、規模の縮小を迫られることになってしまいます。

10年後には3人に1人が65歳以上の高齢者になると予想される日本、私もそちら側の数字に入る人間として心配なことは、これからの日本を支える次の世代の未来です。今、我々現役世代ができることは、積極的に海外の成長市場に目を向け、そこで通用する強い会社をつくっておくことだと考えています。

海外と言っても、いきなり拠点をつくるとか、海外の会社と取引するなどの大掛かりなビジネスではなく、ネットで海外から商品を仕入れたり、反対に海外のユーザーに購入してもらったり…程度のやり取りは個人商店でも可能な時代です。弊社でも4年前からベトナム人材採用や、彼らを活用したベトナム進出支援を行っています。

コロナで海外との行き来が完全にストップする前までは、年に4回の視察ツアーを企画し、ベトナムの企業視察や商談、人材採用のお手伝いをして参りました。（現在はオンラインで同様のサービスの提供が可能になりました）きっかけは、顧問先企業の新商品開発でした。

長年、下請けとして親会社の仕事をしてきたけれど、いつかは自社商品をつくりたい！というのがその社長の夢だったそうで、せっかく自社商品をつくるなら、海外に通用する商品、しかも、毎年１００万人規模で人口が増加しているベトナムを見てから考えたい！ということでベトナム視察に同行したことです。

空港に降り立ってホテルに向かう途中、道路いっぱいに走る凄まじい量のバイクと、恐いくらいのけたたましいクラクションの音は今でも強く印象に残っています。

平均年齢31歳、若さと活気に満ち溢れるこの国の魅力に完全にノックアウトされた瞬間です。

その後、限られた時間とお金を割いて、可能な限り信頼できる情報を集め人脈をつくり、これまで20社以上のベトナム人材採用のご支援をしてまいりました。

この数年間、実際にベトナムに進出して成功した日本の会社を見て私が感じたことは、海外では小さな会社でも成功できる可能性があるということです。

日本国内だけを見て商売をしていると、大手は知名度も資本力もあり、その上、優秀な人材が豊富。反対に中小企業は何をやるにもハンディキャップがある、という思い込みが拭えないのですが、ところ変われば事情も変わります。

日本国内では知らない日本人がいない有名企業でも、ベトナム人にとっては「日本のどこか知らない会社」の一つです。

ホールで働くアルバイトを1人雇いたいだけなのに、求人を出しても誰も応募してきてくれない…そんなご苦労を何年もされてきた某有名企業のお話を聞いたことがあります。言われてみれば納得ですが、これは実際にやってみないとわからないことです。

また、ベトナム人を採用してうまくいっている会社を見ると、彼らはベトナム人社員とのコミュニケーションを頻繁にとっていて、日本人の教育担当者が積極的にベトナム語やベトナムの文化について学ぼうとする姿がありました。

外国人は安い労働力だと考えるのは昔の話。これからは、私たちの事業を一緒に盛り上げてくれる仲間だという意識が大事だと痛感しています。

ただ、そのような若くて優秀な人材や可能性に溢れるベトナム市場を狙うのは日本ばかりではありません。

海外からも続々とベトナムに投資をする会社が増え、今後は競争も益々激しくなるでしょう。リスクに対する備えや、資金の確保、市場調査などやらなければならないことは山ほどありますが、まずは一歩踏み出してみることです。

今はオンラインでベトナムとつないで気軽に情報交換ができる時代です。石橋を叩いて渡ることは大切ですが、いつまでも橋を叩いているだけでは何も始まりません。会社の未来を開くカギは、あなたの勇気ある一歩にかかっています。

・事業を永続的に繁栄させるために

これからの日本は少子高齢化で新たな人材の獲得が難しくなる、だから海外も視野に入れた事業戦略を…と申し上げましたが、日頃、多くの会社の〝価値〟の棚卸しを一緒にやっていると必ずと言っていいほど出てくるのが、

「今の社員がいてくれたおかげで…」

という社長の言葉です。

事業を長く続けていると、決して良いことばかりはありません。むしろ辛い出来事や苦しい出来事の方が多いのかもしれません。しかし、その度に一緒に乗り越えてくれた社員がいたということを思い出す社長が多い証拠です。

小さな綿屋さんから始まった寝具メーカーが今や１５０名の社員を抱え、１４０年以上続く老舗になったあの会社も、工場が火事で焼失したり経営の危機があったりした…とお話したように、決して順風満帆ではなかったということです。

会社は生き物だといわれますが、正に、経営環境の変化に対応しないと生き残れない厳しさがあり、この現実はこれから先も続きます。

いつも私が思うことは、

「今の社員がいてくれたおかげで…」とか、

「あの人との出会いがなければ…」

「あの時にあのひと言が無かったら…」

という社長のセリフはたくさん耳にしてきた半面、

「この商品があったおかげで」

「あの機械があったからこそ」

という言葉はあまり聞く機会が無く、やはり会社の真ん中にあるのは「人」なんだな、ということです。会社というよりも、社長を支えてくれていると言った方がいいかもしれません。


会社が生き物である以上、一寸先は未知の世界です。明日、倒産するかもしれない可能性を誰もが持っていることになります。そんな不安いっぱいの会社に自分の人生を懸けてみようと思ってくれる社員がいてくれることが、やはり社長にとっては非常にありがたいことなのだな、と感じさせられます。

転職が珍しくない時代になったとはいうものの、それでも自分の人生の大切な時間を使って会社の成長にコミットしたり、困難を一緒に乗り越えたりしてくれる社員がいてくれるからこそ、事業を続けることができるのです。

そんなかけがえのない社員を持つ社長にぜひやって欲しいことは、会社の未来を描き、向かうべき方向を明確に示して、その可能性と夢を大いに語っていただきたい、ということです。何のための会社なのか、何のための事業なのか、自分たちはどこへ向かうべきなのか、その方向を示す会社の羅針盤を持ってほしいのです。

最後に、ある社長とのエピソードをご紹介します。

私が独立して間もない頃、「幹部の教育をお願いしたい」というご相談をくださった社長がいらっしゃいました。

その会社の幹部は４名、それぞれ自分の仕事のスキルは高いが経営的な感覚が不足している（利益への意識が希薄、部下の育成ができていない、社内全体を見渡す視野が狭い、幹部同士のコミュニケーションが不足している）といったことに課題を感じているとのこと。さっそくカリキュラムを作成し、１年かけてご指導させていただきました。

当時の私は経営者として初心者マーク、正直、なぜ私にご相談くださったのだろう?と不思議に思うほどでした。

しかし、「幹部のモチベーションが上がって社内の風通しも良くなった」と喜んでくださり、２年目も継続することになったところへ…親会社の方針で、今、自社でやっている仕事の半分近くが無くなることになった！というお話が。まさに青天の霹靂です。

通常であれば、このような一大事の最中に、しかも売上が半分になるかもしれない時に幹部の教育なんてやっている場合ではない…と判断し、コンサルティングは打ち切りとなるのが普通なのかもしれませんが、この社長は違いました。

2年目のコンサルティングの内容を営業コンサルに変更して欲しいと頼まれて、こちらも急遽コンサルティングブックを作成して対応することに。それまで、親会社のもとに御用聞き営業しかしたことの無い幹部を新規開拓に向かわせるのですから、ご本人たちも大変だったと思います。

しかし、それを継続したことも功を奏して、失った売上分は新規獲得で挽回し、前年以上の売上をたたき出すことに成功したのです。この時は、社長も大変喜んでくださいましたが、私も本当に嬉しかったことを今でも鮮明に覚えています。

この社長がいつも大切にしていた言葉は「敬天愛人」。人間として正しいことを貫く、己の欲や私心をなくし、人を思いやる利他の心を持って生きるべし…と社長室に書かれてありました。どんな時にも慌てず騒がず落ち着いて、最善を尽くすのがこの社長の考え方でした。人も経営も、真ん中に太い軸があれば、どんな時でも正しい道を歩むことができるのかもしれない、そんな風に学ばせていただきました。

会社の真ん中に、太くブレない軸があることはとても心強いものです。あなたの会社にもぜひ軸をつくって、そしてその羅針盤が示す通りに全社一丸となって力強く邁進して行こうではありませんか。

人生は一度きりです。

あなたの人生をかけた事業発展を私が応援いたします！

付　録

Corporate Value

“自社の価値”徹底深堀りマップ

1 強みを見つける
3D分析シート

2 顧客ニーズを知る

3 競合分析
強み・弱み発見シート

4 自社独自の魅力を深堀する
10の着眼点

5 自社の魅力を
外側から見る

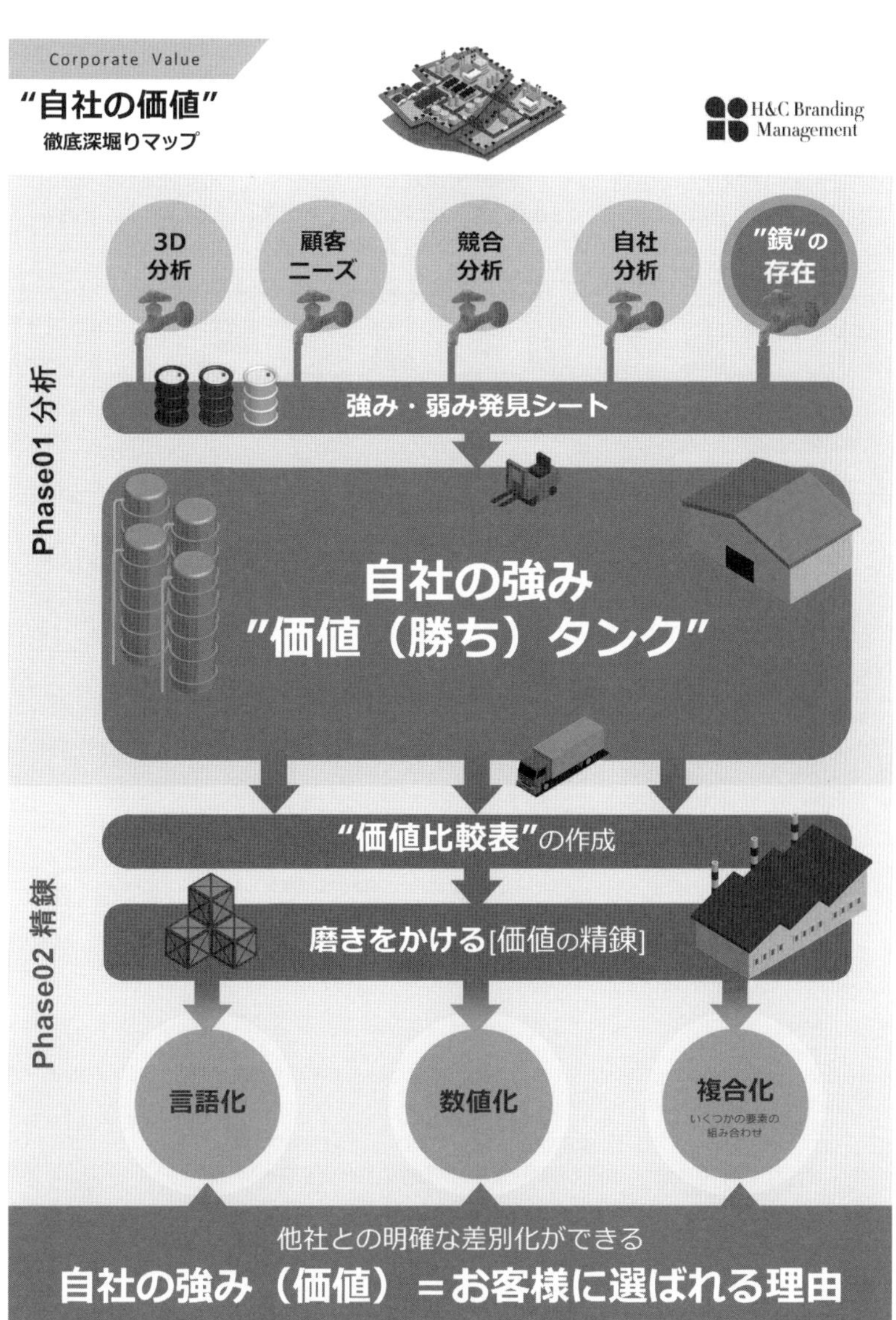
Corporate Value
“自社の価値”
徹底深堀りマップ
H&C Branding Management
3D分析
顧客ニーズ
競合分析
自社分析
”鏡“の存在
Phase01 分析
強み・弱み発見シート
自社の強み
”価値（勝ち）タンク”
“価値比較表”の作成
Phase02 精錬
磨きをかける[価値の精錬]
言語化
数値化
複合化
いくつかの要素の組み合わせ
他社との明確な差別化ができる
自社の強み（価値）＝お客様に選ばれる理由

Corporate Value

1 強みを見つける 3D分析シート

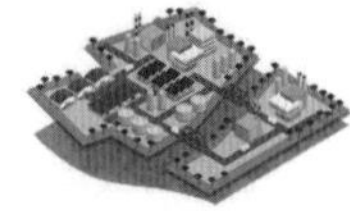

自社が、今一番の「売り」だと思っている商品（サービス）を思い浮かべてみる

1 どうしてその商品（サービス）を売っているのか？

売上（利益）の高い商品を「強み」であると勘違い･･･

大切なことは「何のために売るか」という使命感･･･

2 どうしてあなたの会社から購入したのか？

商談の場で顧客は何と言ったか･･･

大切なのは顧客の価値観を知ること･･･

3 どうして他社を選ばないのか？

他社（他商品）の不満や愚痴をこぼしていなかったか･･･

大切なのは顧客ニーズを知ること･･･

“自社の価値”徹底深堀りマップ

Corporate Value

2 顧客ニーズを知る

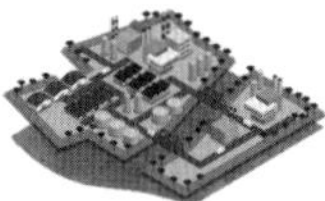

顧客が困っていることは？

顧客が望んでいることは？

貴社のターゲット顧客は、　　　　　…な人（会社）

"自社の価値"徹底深堀りマップ

Corporate Value

3 競合分析 強み・弱み発見シート

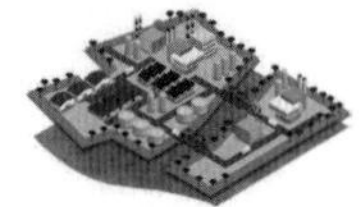

	自社	他社
強み		
弱み		

Corporate Value

4 自社独自の魅力を深堀する 10の着眼点

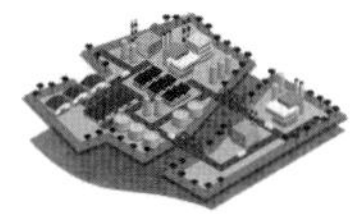

1 成長戦略・独自のビジネスモデル

同業他社とは異なる経営のやり方や、ユニークなビジネスモデルで成長している。ニッチな分野に特化して独自の商品やサービスを提供している。収益ポイントが他社と異なる。など

2 経営者の魅力・経営理念の実践

経営者が魅力的（考え方・能力・経歴など）、独自の言葉や思想を大切にしそれによってお客様の支持を集めている。経営理念を社内に浸透させお客様に伝えてファンづくりに成功している。など

3 課題解決力・顧客評価

多くのお客様から「○○が改善した」「これまでの□□に比べて絶大な効果があった」「あなたの会社で良かった」等のお礼状や感謝の声が届く。お客様に長年愛される行事が続いている。など

4 技術力・独創性・革新性

職人のこだわり（品質・イノベーション）。同業他社ではできない加工技術を有する職人がいる。品質や精度など非常にレベルの高い要求がある分野において取引先から高評価を得ている。など

5 営業方法・販売方法

同業他社がやらない営業方法や通常の販売方法とは異なる独自の売り方で業績を上げている。独特の集客イベントでお客様を多数集めている。営業部以外の部署も顧客開拓に貢献している。など

6 安全性・信頼・アフターサービス力

他社がやらないアフターサービスや万一のクレーム発生時の対応が好評を得ている。安全や清潔・快適などが伝わる努力（可視化）をし、お客様からたくさんの感謝の言葉・手紙を集めている。など

7 社風・職場環境

経営者と距離が近い（社長をさん付けで呼ぶ）、社員の結束が強い（仲が良い）、平均年齢が若い、既婚者が多く活躍している。新しいことにチャレンジできる（評価してもらえる）環境。など

8 社会との共存・共栄・共生

人々の多様な在り方を相互に認め合える全員参加型の会社である。一人一人が他者の価値観を尊重し、受け入れることで、皆が自分らしく生きることを目指す会社である。など

9 人材の採用と育成

独自のユニークな人材育成で成果を上げている。採用活動において他社とは異なる方法で人材を集めている。「自社が求める社員像」を明確にし、それを軸にした人材育成方針を掲げている。など

10 会社の歴史・地の利・地域資源

その土地ならではの資源や環境を活かして躍進を遂げている。地元の理解やネットワークを活用し、コラボ商品などを生み出している。会社の歴史にちなんだ商品開発を行なっている。など

Corporate Value

5 自社の魅力を外側から見る

H&C Branding Management

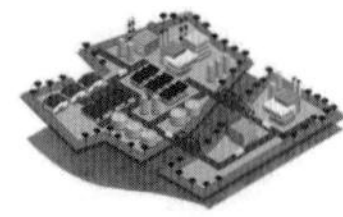

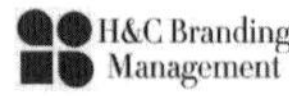

自社が売りたいもの ではなく **お客様が買いたいと思う商品（会社）** であること。

自社が採用したい"条件"を提示する だけでなく **「貴方の会社で働きたい」と思ってもらえる** こと。

が、大事です！

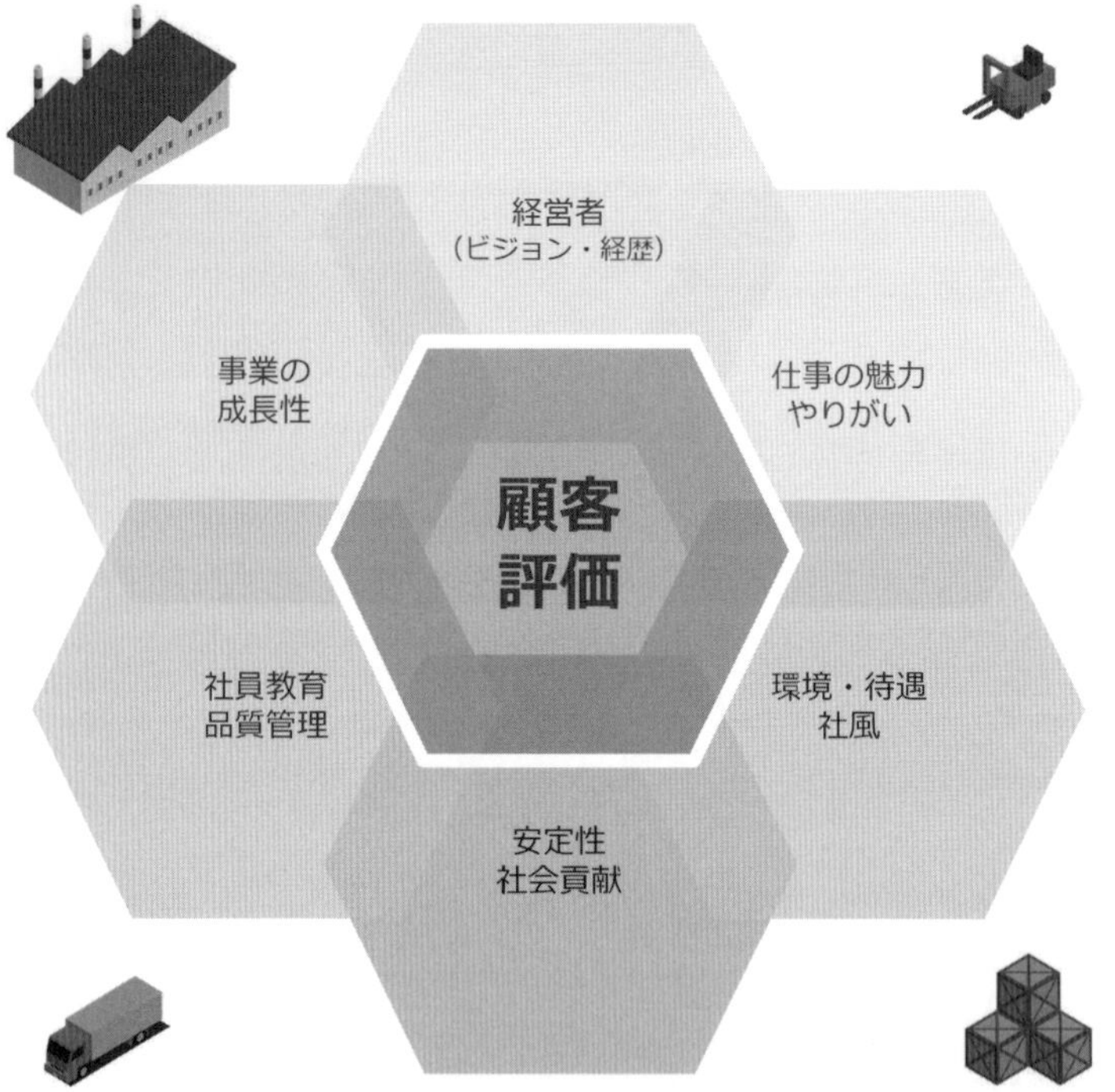

経営者
（ビジョン・経歴）
事業の
成長性
仕事の魅力
やりがい
顧客
評価
社員教育
品質管理
環境・待遇
社風
安定性
社会貢献

自社の価値を知るには、自分を映す確かな"鏡"が必要です。

Corporate Value

付加価値比較表

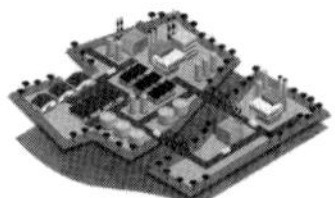

自社の具体的な付加価値	⟷	他社の現状と自社の優位性

"自社の価値"徹底深堀りマップ

人々の健康と幸せを焙煎
「100年標準」
まるで、
「生まれ変わったような目覚め」
株式会社プロテクト

あとがき　～社名に込めた想い～

「H＆Cブランディングマネジメント株式会社」は２０１２年7月2日に誕生しました。社名を決めるまでに何日も悩み、候補は20を超えていましたが、最終的にしっくりきたのがこの名前でした。

Hはヒューマン＝人、Cはカンパニー＝会社。「人と会社」それぞれの魅力を用いれば、世界に一つしかない素敵なブランドづくりができるはず、それをお手伝いできる会社にしたい！という願いを込めて命名しました。少し長い名前なので、名刺をつくったり名乗ったりする度にちょっと具合が悪い…と感じることはありますが、それでも譲れないものがありました。

社名や商品・サービスの名前には、作り手の想いが込められていることが多くあります。私がお会いした社長によく名前の由来についてご質問するのはそれが理由で、「この社長はどんな想いで会社を立ち上げられたのだろう」「この商品にはどんな願いが込められているのだろう」ということに非常に興味があるからです。

もちろん、事業がうまくいくかどうかと名前には関係が無いと考える方もいらっしゃるかもしれませんが、知らない人から見た時に、A社とB社があって、扱う商品の機能や値段に大差がない場合、「選ばれる理由の一つになる」ことは間違いないと考えるからです。

私たち人間は一人ひとり違う価値観を持っています。効率が良いことを大事にする人もいれば、時間はかかっても効果があることを重視する人もいるし、規模の大きさに重きをおく人もいれば質の高さを大事にする人もいます。人それぞれの考え方なので、どちらが良いとか悪いとかではありませんが、その価値観が近い人同士が一緒にいることはお互いの幸福感につながります。

個人の友人関係もそうですし、社長同士のつながりも、会社同士の取引関係も全て同じです。価値観が近い者同士が同じ方向を目指して進んで行けばより良い未来が描ける…誰もがそう思っているでしょうが、それをお互いが理解するまでに時間がかかり、何かトラブルがあったり問題が起きてたりして初めて「この会社とは考え方が合わない」「この社長にはついていけない」「この会社の商品は本当に信頼できるのかしら」と考えることになります。

全てを事前に把握することはできないかもしれませんが、積極的にそこを理解して付き合う相手を選ぶという感覚は、今後の事業成長には欠かせないと思っています。だからこそ、日頃から社長の考えや描く未来を言葉にして他人に伝わりやすいカタチにしましょうとお伝えしているのです。

技術や価格・スピードではなかなか他社との差別化が難しくなった今、より自社の成長につながる顧客や取引先を選んでいく（選ばれる会社になる）ためには、定量的な情報以外に、どれだけ定性的な情報を発信していけるか？が鍵になります。

何度も足を運んで、話し込んで、ようやく得られる信頼関係を、違うアプローチからどれだけ早く構築できるかがポイントで、それは私自身が「足で稼ぐ営業」を何年も続けて来たからこそ強く感じる部分です。深いところで共感できる相手だからこそ、長く、良好な関係が構築できる…そんな実体験を10年以上もさせていただき、それが今の仕事の原点になっています。

私の第二の人生のスタートは2人の子どもと保険営業…36歳の時でした。

家業の倒産をきっかけに離婚し、10歳の娘と生まれたばかりの息子と3人で生きていくことを決意しました。学生時代から8年の交際を経て25歳で結婚するまで、元夫の家業を手伝ったりアルバイトをしたりする程度で、まともな社会経験が無いまま家庭に入ったため、当時の私は学歴も職歴もつてもコネもなし、お金もなし、もちろん営業経験もなしの、ないないづくしでした。

保険営業の世界はもちろん全てが初めてで、うまく行かないことの方が多く、何度も辞めたいと思いましたし、もっと楽な仕事があるんじゃないかと思ったりこんな私だからうまく行かなくても仕方ないんだと諦めたり、本当に心が折れる毎日でした。

しかし、私がラッキーだったのは、損保の法人営業に出会えたことです。業種も規模も問わず多くの社長に会えて直接お話を聞く機会があったのです。新人のやることと言えば新規開拓のみ、３年間は毎日飛び込み営業とテレアポしかやることがありません。来る日も来る日も「社長に会わせて欲しい」と飛び込みをする中で、その熱心さをかってくれる社長もいましたし、たまたまタイミング良く会える社長もいました。そして、一度契約になると毎年更新の度に社長に会えるのです。何度もお会いしてお互いに信頼できる関係ができると、少しずつ話の中身が濃くなってきます。

時には社内のグチを聞かせてくれる社長もいらっしゃいましたし、創業当時の苦労話や失敗談、騙されたり裏切られたりした話など、普段社員さんにはお話にならないことなども聞かせてくださいました。

一方で、会社が大きく成長したきっかけやエピソードなども聞かせていただく中で、「この社長の想いや経験が今の会社をつくっているんだ。決して製品の凄さだけではないんだ。素晴らしい社員に恵まれたから成長したのではなく、そこにブレない軸があったから自然と良い社員が集まってきたんだ。」そんな風に感じることができました。その素晴らしい教えをくださった社長たちの少しでも力になりたいという想いで10年前に起業し、今に至ります。

これまで、保険の営業現場だからこそ必要とされてきた「見えない商品価値」をいかに相手に伝えるか?という視点や、反対に、「見えないリスク」をいかに自分事として捉えてもらうか?といった視点で多くの経営者と一緒に試行錯誤してきた経験が、今の私の考えの中心にあります。

目に見えないものだからこそきちんと伝える努力をしなければ相手には十分に伝わらないし、その伝わらないことが「値引き」や「安売り」「自信喪失」につながってしまうということを痛いほど経験してきたからです。

本書では、私が出会った素敵な社長、素晴らしい会社のストーリーをご紹介いたしましたが、自社が持つ強みや魅力を活かしてブレない事業成長を実現したいと考える経営者の方々にとって本書が少しでもお役に立てるようでしたら嬉しく思います。あなたの会社には、まだまだ活かしきれていない宝物が必ず眠っています。ぜひ本書の内容を参考にしながら自社の眠れる資産の棚卸しから始めていただきたいと願っています。

最後になりますが、私に損保の法人営業を一から叩き込んでくださった株式会社プロテクトの高橋満社長と、私がコンサルタントを目指してから10年間様々な視点でご指導くださった五藤万晶先生に心より感謝申し上げます。ありがとうございます。

令和4年4月 吉日

H&Cブランディングマネジメント株式会社　代表取締役　吉澤　由美子

著者　吉澤　由美子（よしざわ　ゆみこ）

ストーリー作成コンサルタント。
H＆Cブランディングマネジメント株式会社　代表取締役。

社内に埋もれている「見えない価値」を可視化し、それぞれの会社が持つ独自のストーリーと掛け合わせて高付加価値な営業体制を構築する専門家。スペックを説明しながら販売するモノ売りでは顧客の層を広げることが難しく、必ず価格競争に巻き込まれていくとし、付加価値にその会社ならではのストーリーを加えることで他社とは違うよりコアなファンを獲得できる「ストーリーブック営業」を情熱的に指導。

前職は外資系損保役員。すべて同一の損保市場において突出した成績をあげてきた中で、「自社の魅力の伝え方が苦手な社長が多い」ことに気づき、そのノウハウを法人営業向けに体系化。２０１２年にH＆Cブランディングマネジメント株式会社を設立、多くの〝眠れる資産〟を言語化・可視化して伝わりやすくする「ストーリーブック」を考案。後に「事業発展ストーリーBOOK®」として商標登録。営業体制面から手掛け、強力な魅力づけと販売力を実現させるストーリーブック営業戦略の指導で好評を博す。

氏が関わった企業からは、「リピート注文が増えた」「新規取引先が3倍に増えた」など絶大な信頼を獲得している。中には1年間で売上が50％アップの実績を持つ企業もある。

ベトナム販路開拓支援、ベトナム高度人材活用・教育支援でも多くの実績をあげている。

https://www.hc-bm.com/

小社 エベレスト出版について

「一冊の本から、世の中を変える」――当社は、鋭く専門性に富んだビジネス書を、世に発信するために設立されました。当社が発行する書籍は、非常に粗削りかもしれません。熟成度や完成度で言えばまだまだ低いかもしれません。しかし、

・リーダー層に対して「強いメッセージ性」があるもの
・著者の独自性、著者自身が生み出した特徴があること
・世の中を良く変える、考えや発想、アイデアがあること

を基本方針として掲げて、そこにこだわった出版を目指します。

あくまでも、リーダー層、経営者層にとって響く一冊。その一冊から経営が変わるかもしれない一冊。著者とリーダー層の新しい結び付きのきっかけのために、当社は全力で書籍の発行をいたします。

売らなくても売れるようになる！
中小メーカー企業のためのストーリーブック営業戦略

２０２２年５月30日　初版印刷
２０２２年６月17日　初版発行

著　者　吉澤由美子
発行人　神野啓子
発行所　株式会社　エベレスト出版
〒１０１‐００５２
東京都千代田区神田小川町１‐８‐３‐３Ｆ
ＴＥＬ　０３‐５７７１‐８２８５
ＦＡＸ　０３‐６８６９‐９５７５
http://www.ebpc.jp

発　売　株式会社　星雲社（共同出版社・流通責任出版社）
〒１１２‐０００５
東京都文京区水道１‐３‐３０
ＴＥＬ　０３‐３８６８‐３２７５

印　刷　株式会社 精興社　　装　丁　MIKAN-DESIGN
製　本　株式会社 精興社　　本　文　北越紀州製紙

 ISBN 978-4-434-30478-1